이 책을

인생이라는 바다에 기꺼이 뛰어들어

부딪치고 다치고 상처받을 준비가 되어 있는

_____ 님께 드립니다.

항해

항해

{ 航海 voyage }

홍성범 지음

셀프 리더십 전문가
홍성범의 인생 경영 에세이

북노마드

인생의 목적을 잃어버리고

지쳐 있지는 않나요?

그렇다면 '항해'라는 이름의 여행을

떠나보는 건 어떨까요?

인생이라는 이름의 항해를 하다 보면
많은 일들을 헤쳐가야 합니다.
파란 하늘과 잔잔한 바다를 누비는 기쁨도 있지만,
까마득히 높은 망루에 올라야 하고,
풍랑을 만나 위기를 겪게 될 것입니다.
그 속에서 당신은 버거워하고, 낯설어하고,
좌절하고 실망하게 될지도 모릅니다.

하지만 그 시행착오와 실패의 경험들이
하나 둘 모여 어느덧 항해를 즐기고,
어려움을 극복하고 이겨내는 당신의 모습을
확인할 수 있게 될 것입니다.

출발

떠나기로 '결심'하라

"배는 항구에 있을 때 가장 안전하다.
하지만 배는 항구에 정박해 있기 위해
만들어지지 않았다."

_ 파울로 코엘료

다락방에 놓인 낡은 상자

지우 집에는 다락방이 있다. 어린 시절, 무언가 잘못을 저지르면 아버지는 항상 다락방으로 지우를 올려 보내셨다.

"네가 뭘 잘못했는지 깨달을 때까지 절대로 내려올 수 없단다. 알겠니?"

그래서 지우는 다락방이 싫었다. 가파른 계단을 올라가는 것도 내키지 않았지만, 긴 시간을 혼자 있어야 한다는 두려움을 견딜 수 없었다. 다락방에 있는 동안 지우는 가족으로부터 철저히 소외되었다. 그건 마치 외딴 섬에 홀로 남겨진 듯한 기분이었다.

요즘 지우의 삶은 말 그대로 뒤죽박죽이다. 회사 승진 심사에서 미끄러진 후 도무지 되는 게 없다. 처음에는 '그까짓 승진이 대수야'라고 애써 자위했지만, 하루하루 지날수록 가슴속 어딘가에서 뭔가가 부글 부글 올라오는 걸 참기가 힘들었다. 게다가 사사건건 자기와 부딪치는 후배에게 추월당하다니… 지우는 회사에 배신을 당한 것만 같아 하루하루가 버겁기만 했다.

지우를 힘들게 하는 건 이뿐만이 아니었다. 언제부턴가 계속해서 같은 꿈을 꾸느라 잠자리를 설치고 있다. 꿈속에 아버지가 나타나 뭔가를 말씀하시는데 아무런 소리도 들리지 않는 꿈. 아버지는 대체 무슨 말씀을 하시는 걸까? 이상한 건 답답해하는 지우와 달리 꿈속의 아버지는 너무도 평안해 보인다는 것이다.

지우의 아버지는 돌아가셨다. 정확히 말하자면, 1년 전 행방불명이 되어 전혀 소식을 알 수 없다. 지우 가족은 아버지의 시신을 찾지 못한 채 사망신고를 마쳐야 했다. 그런 아버지가 매일 밤 지우의 꿈속에 나타나 만면에 웃음을 띤 채 뭔가를 말씀하시다니. 꿈에서 깨어날 때마다 지우의 가슴은 시커멓게 타들어가는 듯했다.

어젯밤에도 아버지는 꿈속에 나타나셨다. 언제나 그렇듯이 웃음 띤 얼굴로 무언가를 말씀하셨다. "생전에 한번도 웃지 않으신 분이 뭐가 좋다고 저렇게 웃으시는지…." 꿈속이었지만, 지우는 이렇게 볼멘소리를 했다. 출근길 전철 안에서도 지우는 어젯밤 꿈속에 나타난 아버지 생각에 혼란스러웠다. 그 순간, 지우는 아버지의 손이 다락방을 가리키고 있었다는 사실이 생각났다. 마치 어서 가보라는 듯한 표정이셨다.

'그래, 올라가보자. 아버지가 계속 꿈에 나타나는 건 분명 이유가

있을 거야.'

그렇게 지우는 아버지보다 훌쩍 자란 이후 한번도 쳐다보지 않았던 다락방에 오르게 되었다. 지우는 한 발 한 발 조심스레 올라갔다. 다락방은 생각했던 것보다 환하고 아늑했다. 지우의 기억 속에 다락방은 구석에 쪼그리고 앉아 울던 곳이었고, "이제 그만 내려오라"는 엄마의 목소리만을 기다리던 곳이었다. 그러나 오늘은 달랐다. 이유를 알 수 없는 따뜻함과 편안함이 다락방에 배어 있었다. 다락방으로 올라오는 계단 맞은편에는 바다를 굽어볼 수 있는 작은 창문이 있었다. 그곳으로 오후의 환한 햇살이 쏟아져 들어왔다. 햇살은 이내 작은 다락방을 가득 채웠다. 지우는 눈을 찡그리며 햇살이 들어오는 곳을 물끄러미 바라보았다. 햇살의 끝자락에 처음 보는 물건이 놓여 있었다.

'저건 뭐지?'

지난해, 아버지의 유품을 정리하려고 올라왔을 때에도 볼 수 없었던 나무상자였다. 나무상자를 앙다물고 있는 자물쇠가 녹이 슨 걸로 미루어 오랫동안 사람의 손이 닿지 않은 듯했다. 그런데 아무리 찾아도 열쇠가 보이지 않는다. 자물쇠가 있다면 열쇠도 있겠지, 라는 생각으로 다락방을 샅샅이 뒤졌지만 헛수고였다. 낡은 테이블의 서랍을 열어보고, 아버지가 생전에 스크랩해둔 서류철도 하나하나 넘겨보았지만 열쇠는 찾을 수 없었다.

바로 그때, 지우의 눈에 벽에 붙어 있는 세계지도가 들어왔다. 다락방에서 한번도 본 적이 없던 세계지도였다. 지우는 호기심 가득한 표정으로 지도를 쳐다보며 나무상자를 발로 툭 건드렸다. 순간, 허탈하게도 자물쇠는 '철컥' 소리를 내며 힘없이 열렸다. 자물쇠는 처음부터 잠겨 있지 않았던 것이다. 자물쇠를 보고 당연히 잠겨 있을 거라고 생각하고 열쇠부터 찾았던 자신이 민망한 기분이 들었다.

선입견,
자물쇠를 본 순간 반사적으로 열쇠를 찾는 삶.

하긴 이게 어디 지우뿐일까. 생각해보면 우리도 그렇게 살고 있지 아니한가.

상자에는 무엇이 들어 있을까. 지우는 두근거리는 가슴으로 조심스럽게 상자를 열었다. 상자에는 누렇게 바랜 편지봉투 하나가 달랑 놓여 있었다. 대단한 보물을 기대한 건 아니었지만, 오랫동안 닫혀 있던 상자 속에 편지봉투만 들어 있다는 사실이 못내 실망스러웠다. 지우는 투덜거리는 얼굴로 봉투를 열어 보았다.

빨간 티켓과 메모

봉투에는 빨간색 티켓 한 장이 들어 있었다. 티켓에는 '인생의 GUIDE'라고 적혀 있었다. 기차표보다는 크고, 비행기 탑승권보다는 작은 크기의 티켓. 출발 시간도 없고, 출발지와 경유지, 목적지도 없는 티켓이었다. 그저 의미를 알 수 없는 몇 개의 숫자만 적혀 있을 뿐 아무런 정보가 없었다.

1, 4, 7, 39

'이 숫자는 뭐지?'

지우의 머릿속은 복잡해져만 갔다. 뒤엉킨 머릿속을 정리하기 위해서는 어서 빨리 다락방을 나와 따뜻한 커피 한 잔을 마시며 메슥거리는 속을 달래야 할 것 같았다.

진한 커피향이 서재를 가득 채우고 있다. 진한 에스프레소 한 잔을 속에 털어 넣자 지우의 기분은 한결 나아졌다.

아버지가 서재로 쓰시던 방, 하지만 지금은 지우가 쓰고 있는 공간. 생각해보니 책장에 빼곡하게 꽂혀 있는 아버지의 책들을 유심히 본 적이 없었던 것 같다. 지금 이 순간만큼은 내 방이 아닌, 아버지의 서재에 들어와 있는 기분이다. 지우의 기억 속에서 아버지는 늘 부재중이셨다. 아버지는 오랫동안 집을 비우시는가 하면 어느 날은 계시고, 그러다가 다시 어디론가 떠나셨다. 집에 계실 때면 늘 이곳에서 책을 읽으셨다. 주변 정리가 꼼꼼하기로 소문난 분답게, 서재는 늘 깔끔하게 정돈되어 있었다. 마호가니 재질로 만들어진 네 개의 대형 책장에는 책들이 가득 꽂혀 있었다. 책장은 왼쪽 상단부터 순서대로 숫자가 적혀 있었다. 1, 2, 3, 4… 그 순간, 책장에 적힌 숫자를 하나씩 따라가다가 다락방에서 발견한 티켓의 숫자가 떠올랐다. 1-4-7-39.

'1은 첫 번째 책장이 아닐까? 4는 4번째 단이고, 7은 그 단의 왼쪽부터 7번째에 놓인 책을 뜻하는 걸 거야. 가만, 그럼 39는 뭐지? 페이지 숫자인가?'

방금 전까지 어지러웠던 지우의 머릿속이 소나기가 내린 직후의 하늘처럼 맑게 갠 듯했다. 지우는 아버지를 믿기로 했다. 지우는 첫 번째 책장의 4번째 단에 꽂힌 7번째 책을 손가락으로 조심스럽게 따라가 보았다.

『빨간 고무공의 법칙Rules of the Red Rubber Ball』,

'빨간 고무공만 죽어라 쫓아다닌 한 아이의 성공 이야기'라는 부제가 달려 있는 책이었다. 어디 보자, 39페이지에는 뭐가 적혀 있을까?

'아이가 그토록 좋아한다면 그대로 내버려 두세요'

이야기는 이렇다. 캐롤이 하루 종일 공만 쫓아다니는 것을 걱정한 선생님은 할머니에게 '캐롤이 학업에 집중할 수 있도록 가정에서 특별히 관심을 가져 달라'는 내용의 편지를 보낸다. 하지만 할머니의 생각은 달랐다. 할머니는 선생님께 보낸 답장에서 '아이가 정말로 좋아한다면 그냥 내버려 두세요'라는 짧은 말로 캐롤을 향한 믿음을 감추지 않았다. 지우의 마음속에 뭔가 알 수 없는 깊은 울림이 꿈틀거렸다. 지우의 눈은 자연스럽게 책의 39페이지 여백에 적힌 짧은 메모로 향했다. 마치 어제 쓴 것 같은, 아버지의 필체가 선명한 글귀가 유난히 또렷하게 들어왔다.

'지우야, 내일 아침 동네 어귀에 있는 작은 항구로 나가 보렴.
몇 가지 짐을 챙겨야 할 거야. 짧지 않은 여행이 되겠지만,

그 여행을 네가 즐길 수 있었으면 좋겠구나.

사랑한다.'

사랑한다…

생전의 아버지는 단 한 번도 '사랑한다'는 표현을 한 적이 없던 분이셨다. 사랑한다는 말은커녕, 아들과 함께 밥을 먹는 것도 불편해하실 정도였다. 아들과 눈을 마주치는 것조차 불편해하시던 그분이 '사랑한다'는 글귀를 적어 놓으시다니. 지우는 몸에 맞지 않는 옷을 입은 듯 어색했다.

'짐을 꾸리라니. 여행이라도 떠나라는 건가?'

다락방에 올라간 뒤로 하루 종일 알 수 없는 일들이 계속해서 이어지고 있다. 분명한 건 아버지는 오늘 지우가 겪는 사건들을 예상하신 듯 '메모'를 남겨 두셨다는 것이다. 아버지가 삶 속에 어떤 비밀을 숨겨 놓고 있다는 강한 확신이 지우의 머릿속을 스쳤다. 순간 어린 시절 지우에게 수영을 가르쳐주시던 아버지가 떠올랐다.

"수영을 잘하고 싶니? 그럼 강물의 흐름에 몸을 맡겨보렴."

어린 시절 아버지는 지우에겐 영웅이었다. 아버지는 그 누구보다 크고 멋있었으며, 지우를 위해 모든 것을 해주는 존재였다. 지우는 지금도 아버지로부터 수영을 배우던 순간을 잊을 수 없다. 아버지는 수

영을 처음 배우는, 물을 무서워하던 지우에게 강물의 흐름에 몸을 맡기면 금세 수영이 즐거워질 거라고 얘기해주셨다. 아버지의 말을 믿고 강물에 몸을 맡긴 순간 정말 신기하게도 몸이 두둥실 떠올랐던 기억이 지금도 생생하다.

'왜 갑자기 그날 아버지의 모습이 생각나는 걸까?'

지우는 뭔가 기분 좋은 예감이 들었다. 그리고 결심했다.

'그래, 떠나자.'

지우는 방구석에 처박아 둔 여행가방을 꺼내어 짐을 꾸렸다. 목적지도, 기간도, 여행 수단도 알 수 없는 '묘한 여행'이 시작되려 하고 있었다. 🍷

빨간 고무공의 법칙

by 케빈 캐롤

캐롤의 아버지는 오래 전 돌아가셨다. 설상가상으로 어머니마저 자신을 돌보아주지 않아 할머니 곁에서 자랐다. 어느 날, 캐롤은 학교 운동장에서 빨간 고무공을 발견했다. 혼자 외로웠던 캐롤에게 빨간 고무공은 금세 좋은 친구가 되었다. 캐롤이 얼마나 공을 가지고 놀았던지 선생님이 "공만 가지고 놀아서는 훌륭한 사람이 될 수 없다"고 걱정할 정도였다. 하지만 공을 향한 캐롤의 애정은 결국 스포츠에 대한 열정으로 이어졌고, 나이키를 세운 필 나이트의 눈에 띄어 파격적인 조건으로 스카우트 되어 임원의 자리에까지 오르게 되었다. 현재 캐롤은 캐털리스트Katalyst라는 컨설팅 회사를 운영하며 사람들에게 '빨간 고무공의 법칙'을 전파하는 촉매제Catalyst 역할을 성공적으로 수행하고 있다.

1. 빨간 고무공에 모든 걸 맡겨라.
인생의 모든 결정의 순간을 빨간 고무공에게 맡겨라.

2. 자신을 격려해주는 사람을 찾아라.
다른 사람과의 관계를 형성하고 발전시켜라.
그들은 당신이 빨간 고무공을 찾을 수 있도록
좋은 자극제가 되어줄 것이다.

3. 창의력을 단련하라.
창의력은 당신이 어디에 있든지
새로운 기회를 찾을 수 있게
만드는 원동력이다.

4. 해 뜰 날을 대비하라.

누가 시켜서가 아닌, 당신 스스로 결정한 일을 열심히 행하라.
당신은 기대했던 것보다 한층 성장해 있는
당신을 발견할 것이다.

5. 당당하게 말하라.

두려움 앞에서 당당하라. 경계에 도전하라.
그렇게 하면 당신은 그것을 뛰어 넘을 수 있다.

6. 뜻하지 않게 일어난 일들을 기꺼이 받아들여라.

그렇게 하면 당신은 좀 더 빠르게 목표에 도달할 것이다.

7. 오늘을 다 써서 없애라.

매 순간을 아끼지 말고 활용하라. 하루를 소중히 여겨라.
현재에 집중하라. 그럼 당신이 찾지 않아도
꿈꾸던 미래가 찾아올 것이다.

하루는 86,400초의 시간으로 이루
어져 있다. 시간은 우리에게 86,400
번의 빨간 고무공을 찾고, 움켜쥐
고, 쫓아다닐 기회를 매일 만들어준
다. 당신의 빨간 고무공을 찾아라.
그것을 절대로 놓치지 마라.

승선

'결과'를 분명히 하라

"꿈을 추구할 용기만 있다면
우리의 모든 꿈은 실현될 수 있다."

_ 월트 디즈니

GUIDE호와의
조우

새벽 어스름. 자연스레 눈이 떠졌다. 지난 밤 꿈에 아버지는 나타나지 않았다. 이제부터는 나 홀로 알아서 해야 한다는 뜻일까? 지우의 걸음이라면 집에서 항구까지는 20분이면 충분하다. 지우는 아침 일찍 길을 나설 채비를 마쳤다. 지우는 양치질을 하면서 거울 속 자신을 물끄러미 바라보았다. 오늘, 내게 어떤 일들이 일어날까. 치약 거품으로 범벅이 된 지우의 입꼬리가 슬며시 올라갔다. 좋은 일이 생길 것 같은 기분 좋은 예감. 그러고 보니 이런 두근거림도 참 오래간만인 것 같다.

바닷가에서 태어나 어린 시절을 보냈지만, 이상하게도 지우는 항구를 좋아하지 않았다. 언제부턴가 마을 어귀에 자리한 작은 항구에는 여남은 척의 어선만이 정박해 있었다. 을씨년스러운 풍경. 페인트칠이 벗겨진 채로 방치된 어선에는 낚시 도구나 그물망이 굴러다녔다. 대형 어선들이 인근 해역에서 조업을 시작한 이후로 마을이 자랑하던 꽃게의 씨가 말라버렸다. 저인망식으로 어족을 싹쓸이한 탓이라고 아버지는 늘 속상해하셨다. 그때부터 작은 배는 가난함의 상징이 되어 버렸다. 한때 작은 어선들은 이곳 아버지들의 생계수단이자 권위의 상징이었다. 그러나 이제는 버릴 곳이 없어서 방치해둔 덩치 큰 쓰레기에 불과하다. 늙어가는 아버지의 주름을 보는 것처럼, 항구의 풍경을 볼 때마다 지우는 가슴 한편이 아려왔다.

그런데 오늘 아침의 항구 풍경은 어딘지 달랐다. 우선 눈부시게 하얀 범선이 위풍당당하게 서 있었다. 떠오르는 태양을 배경으로 서 있는 배는 한 폭의 그림 같았다. 지우는 자신의 눈을 의심했다. 아무리 보아도 범선은 이 조그만 어촌 마을이 아닌 지중해나 대서양에 어울릴 법했다. 그만큼 아름다웠다. 15세기의 마지막을 풍미한 콜럼버스의 배가 이렇게 생기지 않았을까. 산타마리아, 핀타, 니냐. 하얀 범선은 역사상 가장 위대한 항해를 했다고 기록된 세 척의 배들의 후손처럼 보였다.

지우는 배를 좀 더 자세히 보기 위해 발걸음을 재촉했다. 세이렌이 새겨진 뱃머리 왼쪽으로 'GUIDE'라는 빨간 글씨가 새겨져 있었다. 그 순간, 누군가 지우의 어깨를 두드렸다. 뒤를 돌아보니 하얀 제복을 입은 거대한 몸집의 사내가 자신을 내려다보고 있었다. 커넬 샌더스 대령≫KFC 창업자이 돌아온 것 같은 사내가 입을 열었다.

"반갑네, GUIDE호의 선장인 캡틴 R일세. 자네, 내게 보여줄 게 있지 않나?"

"아, 안녕하세요, 선장님. 티켓을 말씀하시는 거죠? 그런데 저를

어떻게 아시나요?"

지우는 웃옷 주머니에 넣어둔 빨간 티켓을 선장에게 건넸다.

"껄껄껄, 주위를 둘러보게. 여행 가방을 든 건 자네 밖에 없지 않나?"

캡틴 R은 호탕하게 웃으며 지우의 얼굴과 빨간 티켓을 번갈아 살폈다. 1등에 당첨된 복권을 확인하듯 조심스럽게 찬찬히 티켓을 살피더니 다시 말을 이어갔다.

"지우 군, 이 티켓은 GUIDE호의 탑승권이 아니라네. 배에 탑승할 수 있는 기회를 부여하는 수험표에 불과하지. 시험을 통과해야 비로소 승선이 허락된다네. 오늘 밤 자정까지 이 배에 승선할 수 있음을 내게 보여주게. 자네의 여행은 그 후에 시작될 걸세."

"시험이요?"

퍼즐을 맞추다

캡틴 R은 지우의 질문에 아무런 대답을 하지 않은 채 GUIDE호로 돌아갔다. 잠시 후, 다시 모습을 드러낸 그는 손에 들고 있던 종이상자를 곧바로 뒤집었다. 상자 속 물건이 지우 앞에 우르르 쏟아졌다. 수백 개에 달하는 작은 퍼즐 조각들이었다.

"이 퍼즐을 자정까지 완성하게. 퍼즐을 완성하면 승선이 허락되고, 실패하면 탈 수 없네. 명심하게. GUIDE호는 정해진 시간에 출발한다는 것을…."

말을 마친 캡틴 R은 다시 배로 돌아갔다. 지우는 머리가 지끈거렸다. 어제부터 반복되는 알 수 없는 일들…. 꿈속에 나타난 아버지, 다락방, 빨간 티켓, 그리고 발밑에 흐트러져 있는 수백 개의 퍼즐 조각들. 지우는 전략 시뮬레이션 게임의 주인공이 된 듯했다. 분명한 건 이미 게임은 시작되었다는 것이다. 좋아, 한번 해보는 거야. 지우는 자리에

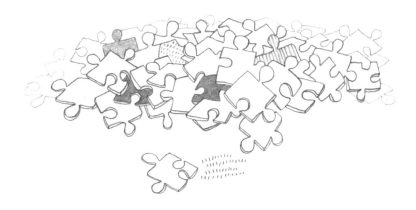

털썩 주저앉아 퍼즐을 맞추어 나갔다.

'퍼즐은 4면의 모서리에서부터 시작하는 거야. 바깥부터 안으로
맞춰 나가면 될 거야.'

얼마나 시간이 흘렀을까. 지우의 콧잔등에 땀이 송글송글 맺혔다.
퍼즐을 맞추는 사이 사방에 어둠이 내렸다. GUIDE호에서 새어나오는
조명만이 퍼즐 판을 비추었다. 하지만 퍼즐을 맞춰 나가는 속도는 더디
기 짝이 없었다. 지우는 답답했다. 하루 종일 맞췄는데 이제 고작 4면
의 가장자리를 채우다니. 이 속도라면 자정까지 퍼즐을 완성하는 건 불
가능하다. 지우는 초조해지기 시작했다.

어떻게 하지? 퍼즐 조각을 손으로 만지작거리던 지우의 눈이 반짝
거렸다. 퍼즐 조각에 노란색 깃발이 그려져 있는 게 보였다. GUIDE호

의 깃발이다. 지우는 퍼즐 조각과 깃발을 번갈아 비교했다.

'퍼즐 조각에 깃발이 그려진 이유가 있을 거야. 혹시 퍼즐 판을 완성하면 GUIDE호가 나타나는 게 아닐까? 그렇다면 뱃머리의 세이렌과 GUIDE라는 글자가 있다는 건데.'

빙고! 퍼즐 조각을 뒤적이던 지우는 GUIDE라는 글자와 세이렌을 찾아냈다. 지우는 종이를 꺼내어 항구에 정박하고 있는 배를 그렸다. 그렇다. 퍼즐의 원리는 간단하다. *퍼즐이 완성되면 어떤 그림이 나타나는지를 알면 된다.* 지우에게 주어진 퍼즐 조각은 6백 개. 퍼즐 판은 가로가 약간 긴 직사각형으로, 가로 25줄, 세로 24줄의 열을 갖고 있다. 지우는 자신이 그린 GUIDE호 위에 가로 25, 세로 24개의 줄을 그었다. 그것을 6백 개의 조각으로 나누고, 각각의 조각과 가장 비슷한 조각들을 찾아 퍼즐 판에 맞추어 나갔다. 중간 중간 그림을 확인하는 것도 잊지 않았다.

마침내 마지막 퍼즐 조각을 끼우자 완성된 그림이 나타났다. 마지막 퍼즐 조각은 노란 깃발이 그려져 있었다. 퍼즐 판에는 위풍당당한 GUIDE호가 또렷이 드러났다. 지우는 시계를 꺼냈다. 저녁 9시가 조금 넘은 시간. 하루 종일 같은 자리에 쭈그리고 앉아 맞춘 퍼즐을 보노라니 하늘을 날 듯 기뻤다.

"예상보다 시간은 걸렸지만, 아주 나쁜 기록은 아니군."

고개를 들어보니 캡틴 R이 완성된 퍼즐 판을 보고 있었다. 이 도깨비 같은 양반은 언제 온 거지?

"배가 고프지 않나?"

그러고 보니 샌드위치와 사과 한 조각으로 아침을 때운 게 전부였다. 잊고 있던 공복감이 밀려왔다. GUIDE호에서 풍기는 향긋한 냄새가 지우의 코끝을 간질였다.

"음식이 많이 식었겠는 걸. 저녁식사 시간까지 완성할 거라 여겨 미리 만들어 두었거든. 암튼 GUIDE호 승선을 축하하네."

지우는 캡틴 R을 따라 GUIDE호에 올랐다.
여행이 시작되는 순간이었다.

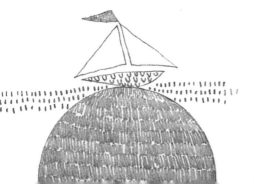

드디어 탑승

GUIDE호의 실내는 화려하지는 않았지만 고급스러운 느낌이 풍겨났다. 지우는 캡틴 R의 안내를 받으며 기다란 복도를 한참 걸은 후 방에 도착했다. 지우가 올 것을 알았는지 문은 활짝 열려 있었다.

"GUIDE호에는 여행에 필요한 모든 게 구비되어 있지만, 없는 것이 있다네."

"그게 뭔데요?"

"우리는 열쇠와 자물쇠를 사용하지 않는다네. 배의 모든 공간이 항상 열려 있지. 숙소는 물론 조타실과 내 방도 예외가 없지. 빌 휴렛의 조언을 따르고 있는데 효과가 참 좋더군."

휴렛 팩커드의 창업자 빌 휴렛은 회사를 창업하고 얼마 되지 않아

연구개발팀^{R&D} 주변을 돌아보다가 사무실과 창고의 문이 자물쇠로 굳게 닫혀 있는 것을 발견했다. 그는 즉시 절단기로 자물쇠를 자르고 문에 다음과 같은 메모를 남겼다.

'다시는 이 문을 잠그지 말 것!'
—빌 휴렛

다른 곳도 아닌 보안이 필수적인 연구개발팀을 개방하다니… 이 에피소드는 휴렛이 직원들을 얼마나 신뢰하는지를 보여주는 상징이 되었다. 이날 이후 직원들은 자신들을 믿어주는 휴렛의 믿음에 부응하기 위해 각고의 노력을 기울였다. 결과는 우리가 잘 알고 있는 휴렛 팩커드라는 성공 신화로 이어졌다.

"아주 오래 전, 휴렛이 GUIDE호에 탑승해 여행을 떠났었지. 그가 내게 제일 먼저 강조한 게 바로 자물쇠를 없애라는 거였다네. 모든 선원과 승객이 배의 공간을 자유롭게 사용해야 한다는 거지. 그날 이후 이 배에서 자물쇠는 사라졌다네."

지우의 방이 활짝 열려 있던 이유는 여기에 있었다. 지우의 방은 생각보다 작았다. 싱글침대 하나, 스탠드가 있는 작은 책상, 의자, 족히 수십 년은 되었을 법한 낡은 흔들의자가 놓여 있었다. 바다가 보이는 작은 창문 아래 유리 테이블이 놓여 있었다. 테이블에는 잘 익은 스테이크와 와인이 놓여 있었다. 캡틴 R의 걱정과 달리 스테이크는 아직 따뜻했다. 마치 고향집의 다락방을 연상시키는 이 방이 지우는 낯설면서

37

도 친근했다.

"GUIDE호는 많은 여행객을 태우지 않기로 유명하지. 한 사람을 위한 항해를 할 때도 많았다네. 자네를 태우기 전 마지막으로 '항해'를 떠난 게 지금으로부터 10년 전이군. '로라 윌킨슨'이라는 멋진 미국 여성이 우리와 함께 여행했지. 로라가 바로 이 방을 사용했다네."

파이프에 불을 붙이며 캡틴 R이 입을 열었다. 스테이크를 큼직하게 썰어 입에 넣은 지우는 처음 듣는 이름이라는 듯한 표정으로 고개를 주억거렸다.

"로라 윌킨슨, 미국 여자 다이빙 대표선수이자 2000년 시드니 올림픽 10미터 다이빙 금메달리스트를 모르다니. 10년 전, 시드니 올림픽이 열릴 때 우리는 대서양을 항해하고 있었다네. 텔레비전을 보며 그녀를 목이 터져라 응원했지. 그녀의 우아한 연기를 보고 있자니, 배에서 함께한 시간들이 떠올랐어. 이 배에서 밀레니엄의 태양이 남태평양에서 솟아오르는 걸 함께 지켜봤었거든. 참 밝은 친구였어. 요리도 잘했고, 탱고도 정열적으로 추었지. 로라의 목에 금메달이 걸릴 땐 나도 모르게 눈물이 흐르더군."

캡틴 R은 10년 전의 기억에 잠긴 듯했다. 흔들의자에 앉아 파이프를 물고 창밖을 바라보는 그의 모습이 한 폭의 사진처럼 보였다.

"잠시 눈 좀 붙이게. GUIDE호에 탑승했던 승객들과 선원들의 이야기는 차차 듣게 될 테니 너무 궁금해하지 말게. 배는 자정에 정확히 출발한다네. 어디로 가는지, 얼마나 걸릴지 물어보는 건 삼가주겠나?"

"왜요? 그게 제일 궁금한 걸요."

와인으로 목을 축이며 지우가 되물었다.

"그건 자네에게 달려 있다네. 이 항해는 자네가 어떻게 하느냐에 따라 목적지와 기간이 정해질 걸세. 지금은 출발시간 외에는 아무것도 정해진 게 없어. 그릇은 복도 끝에 있는 조리장에 가져다놓게. 선원들과의 인사는 차차 나누지. 그럼 다시 보세."

나에게 달려 있다?
순간 지우의 눈꺼풀이 스르르 감기기 시작했다. 🍷

로라 윌킨슨
Laura Wilkinson

2000년 시드니 올림픽 10미터 플랫폼 여자 다이빙 금메달리스트

2000년 시드니 올림픽이 열리기 전, 여자 10미터 플랫폼 다이빙은 사실상
중국 천하였다. 중국은 1980년부터 5회 연속 올림픽을 석권한
여자 다이빙 최강국이었다. 당시 금메달 1순위는 중국의 리나였는데,
그녀는 준결승까지 1위를 질주했다.

그래서일까. 미국 국가대표로 나선 로라를 주목하는 사람은 그리 많지 않았다.
게다가 로라는 올림픽을 6개월 앞둔 2000년 3월, 훈련을 하다가 오른쪽 발목이
골절되는 중상을 입었다. 오른쪽 발이 세 조각이나 부러진 심각한 사고였다.
최소 7주간의 입원이 필요한 상황에서 대표팀 코치와 주치의는 로라에게 올림픽을
포기할 것을 권유했다. 하지만 그녀는 포기하지 않았다.
로라는 올림픽을 준비하기 위해 6월부터 두꺼운 카약 신발을 신고 재활훈련에
돌입했다. 매일 6시간씩 플랫폼을 오르내리며 마인드 훈련을 하는 것도
잊지 않았다. 로라는 플랫폼에 고요히 앉아 눈을 감았다.
자신이 플랫폼으로 들어오는 모습부터 힘차게 도약해 입수하는 장면까지,
다이빙의 모든 순간을 마음으로 그렸다. 자신을 향해 환호하는 관중들의 모습과
자신을 찍느라 여념이 없는 전 세계 기자들의 카메라 세례까지,
그렇게 그녀는 마음속으로 수백 번이 넘는 경기를 치렀다.
그리고 마인드 훈련처럼 로라는 기적 같은 올림픽 금메달을 일구었다.
로라가 온몸으로 보여준 이 일화는 자신이 원하는 결과를 구체적으로
생생하게 그리는 것이 얼마나 위대한지를 보여준다.

"나는 앞으로도 경쟁자가 아닌 다이빙과 싸울 것이다."

올림픽 금메달을 목에 걸고 기자회견에서 남긴 그녀의 말은 지금도
우리 곁을 맴돌며 많은 이들에게 용기를 심어주고 있다.

3 출항

출발하려면
'닻'을 올리고
항구에 매인
'밧줄'을 풀어라

"닻줄을 풀고 안전한 항구를 떠나 바다로 나가라.
무역풍을 타라. 탐사하라. 꿈꾸라. 발견하라."

_ 마크 트웨인

현재에 집중하라

누군가 흔들어 깨우고 있다는 느낌이 들었다. 눈을 떠보니 캡틴 R이 침대 머리맡에 서 있었다.

"드디어 출발이네. 좀 도와주겠나?"

지우는 탁자에 놓인 시계를 보았다. 잠깐 눈을 붙인 것 같았는데 어느새 두 시간이 훌쩍 흘렀다. 지우는 기지개를 켜며 침대에서 일어났다. 선미船尾에 있는 지우의 방에서 갑판으로 나오는 복도는 녹색 양탄자가 깔려 있어서 발자국 소리가 나지 않았다. 선실에서 휴식을 취하는 사람들을 방해하지 않으려는 배려인 듯했다. 고색창연한 복도의 벽에는 수많은 사진들이 걸려 있었다. 지금까지 GUIDE호에 승선했던 승객들의 사진이었다. 사진을 하나하나 구경하며 발걸음이 느려지자 캡틴 R이 재촉했다.

"출발시간 20분 전이야. 시간이 없어."

지우의 발걸음이 급해졌다. 지우는 발견하지 못했지만, 복도에 걸린 사진 속에는 지우가 잘 아는 얼굴이 환하게 웃고 있었다. 바로 아버지 사진이었다.

갑판에 나온 지우는 자기도 모르게 탄성을 내질렀다. 이렇게 아름답다니…. GUIDE호에서 바라본 고향 마을은 눈이 시릴 정도로 아름다웠다. 밤하늘을 수놓듯 반짝거리는 별들은 손에 잡힐 듯 가까이 있었다. 산들바람이라도 불면 아름답게 춤을 추다가 까만 밤바다 위로 사뿐히 내려앉을 것 같았다. 유난히 길었던 오늘 하루의 피곤함이 한순간에 가시는 듯했다.

'아버지의 꿈에서 시작한 이 여행이 나에게 어떤 결과를 가져다 줄까?'

불 꺼진 고향 마을을 바라보며 지우는 생각에 잠겼다. 연일 이어진 아버지의 꿈, 다락방, 캡틴 R과의 만남, 퍼즐 맞추기, 그리고 GUIDE 호의 승선까지… 자신에게 찾아온 변화가 싫지만은 않았다. 그래, 가끔은 흐르는 강물처럼 삶 속에 녹아들어가는 것도 괜찮겠지, 라는 생각이 들었다. 지우에게 찾아온 작은 변화였다. 선견지명인 걸까. 회사에는 한 달간의 장기 휴가를 신청해 놓았다. 행방불명된 아버지 얘기를 듣고 부장은 흔쾌히 장기 휴가를 허락해주었다.

한 달이라는 시간을 어떻게 보내야 할지 지우는 막막했었다. 적지 않은 시간을 회사에 헌신하는 동안 지우는 무언가를 스스로 계획하고 결정한 적이 없었다. 회사 혹은 다른 사람이 시키는 일을 하는 수동적인 삶이 마냥 편했다. 누구를 만나야 하는지, 어떤 일을 해야 하는지, 어디에서 회의를 하는지, 언제까지 프로젝트를 마쳐야 하는지 등 언제나 지시를 받으며 일했다. 경제적인 안온함을 대가로 받는 대신 시스템의 일부로 사는 걸 당연시 여긴 지우의 삶은 결국 우리의 삶일지도 모른다.

'그녀는 지금 뭐하고 있을까?'

지우는 순간 연주 생각이 났다. 직원식당에서 영양사로 일하는 연주에게 한동안 자리를 비운다는 얘기를 하지 못한 게 걱정스러웠다. 연인 사이는 아니지만, 직장 동료 그 이상의 감정으로 만나던 연주는 분명 지우의 소식을 궁금해 할 것 같았다. 지우는 언제나 자신의 얘기를 따뜻한 눈으로 들어주는 그녀가 좋았다. 행방불명된 아버지를 신고하던 날에도 연주는 경찰서까지 와주었다. 경찰서 앞 설렁탕집에서 지우의 숟가락에 깍두기를 얹으며 걱정하지 말라고 어깨를 다독여준 사람도 연주였다. 그녀에게만큼은 이번 여행을 미리 말했어야 했는데, 라는 생각이 머리를 스쳤다.

아직 마무리 짓지 못한 일도 떠올랐다. 배에 타기 전 지우는 부장의 지시로 다음 년도 시장 분석 자료를 작성하고 있었다. 마케팅 전략을 수립하는 데 없어서는 안 될 자료였다. 마케팅팀에서 일하는 지우는 시장 조사 및 시장 분석에 탁월한 능력을 발휘하는 것으로 사내에서 정평이 나 있었다. 간부는 아니었지만, 사장이 주도하는 마케팅 전략 회의에도 수시로 참석할 정도였다. 컴퓨터 바탕화면에 '진행중'이라는 폴더에 고스란히 있을 자료를 생각하니 걱정이 밀려왔다.

"회사 일은 잊게."

깜짝 놀란 지우는 뒤를 돌아보았다. 캡틴 R이었다.

"과거에 관한 고민과 질문은 자네에게 도움이 되지 않는다네. 지금은 무엇을 해야 할까를 고민할 때야. 우리가 지금 여기 서 있는 이유를 생각하게. 현재에 집중하고, 미래를 고민해야지."

현재에 집중하라, 미래를 고민하라! 하지만, 선장님. 제가 없는 동안 집에 도둑이 들면 어떻게 하나요? 제가 회사에서 해고라도 당하면 먹여 살리실 건가요? 지우는 이 말이 하고 싶어 입이 근질거렸다. 캡틴 R은 지우의 속내를 아는 듯 빙긋 웃으며 말을 이었다.

"자, 그럼 GUIDE호가 출발하기 위해 제일 먼저 해야 할 일은 무엇일까?"

지우는 곰곰이 생각하며 이리저리 주변을 살폈다. 항구와 배를 연결하고 있는 밧줄이 눈에 띄었다. 밧줄은 항구의 기둥에 단단히 매여져 있었다.

"밧줄부터 풀어야 하지 않을까요?"

"빙고! 밧줄을 풀고, 닻을 올려야지. 이건 사람도 마찬가지야. *여행을 시작하려면 나를 매고 있는 밧줄을 풀어야 해.* 자네의 머릿속에 단단히 자리 잡은 '걱정'이라는 닻을 올리지 않으면 여행은 시작될 수 없어. 나는 닻을 감을 테니 자넨 밧줄을 풀어주게."

흔들리는 계단을 따라 항구로 내려온 지우는 배를 고정시킨 밧줄이 선미에 하나, 선두에 하나, 모두 두 개라는 걸 알았다. GUIDE호를 붙잡고 있는 밧줄은 마닐라 삼 소재로, 아이의 팔뚝만큼이나 두꺼웠다. 철제기둥에 휘감긴 밧줄을 풀면서 지우는 자신을 묶고 있는 걱정이라는 녀석으로부터 벗어나는 것 같았다. 작은 자유. 그것은 일종의 해방감이었다. 배에 다시 오르는 지우의 얼굴은 한결 밝아져 있었다.

이 여행의 끝엔 과연 무엇이 기다리고 있을까?
막막했던 여행이 기대감으로 바뀌고 있었다. 🌐

나를 묶고 있는 밧줄을 적어보자.

4 조종

진북_{眞北}과 자북_{磁北}을
구별하라

"나는 내 미래가 어찌 될지 알지 못한다.
그러나 누구의 손에 달려 있는지는 알고 있다."

_ 로저 워드 밥슨

나침반이 아닌
북극성을 보라

17~18세기 대항해 시대는 지도와 나침반이 있었기에 가능했다. 그럼 나침반이 없던 시절에는 어떻게 긴 항해를 할 수 있었을까? 분명한 건 나침반이 발명되지 않았던 시대에도 인간은 대양大洋에 배를 띄웠다는 것이다. 끝이 보이지 않는 바다를 바라보며 지우는 옛날에 배를 타고 다른 세상을 찾아 나선 사람들의 용기가 감탄스러웠다. 그들은 대체 무엇으로 항로를 찾아 목적지를 찾아갔던 걸까.

"통나무를 던졌다고 하더군."

창밖으로 시선을 고정시킨 채 배를 운전하던 캡틴 R이 입을 열었다. 그는 지우가 무엇을 생각하는지 이미 알고 있다는 듯 담담하게 말을 이어갔다.

"나침반이 없던 시절, 사람들은 바다에 통나무를 던져서 그것이

어디로 흘러가는지 살펴보았지. 통나무는 멀리 사라지기도 하고, 다시 배로 돌아오기도 했어. 그 움직임을 보면서 조류의 움직임을 파악할 수 있었던 거야. 당연히 당시 항해에는 경험 많고 유능한 선원을 필요로 했지. 나침반도 지도도 없는 상황에서 유일한 이정표는 사람의 경험뿐이었을 테니까."

아, 그랬구나. 통나무를 던져서 조류의 움직임을 파악했구나. 지우는 처음 접한 사실에 흥미가 동했다.

"나침반이 모든 문제를 해결해주는 건 아니야. 혹시 알고 있나? 항공 관제사들이 비행기를 통제할 때 나침반을 보지 않는다는 걸. 나침반을 의지해서 비행기를 통제하면 사고가 날 수 있기 때문이지. 나침반을 보는 데도 주의가 필요하다는 거야."

"주의가 필요하다니요?"

"우리가 사는 지구에 두 개의 북쪽이 존재하기 때문이지."

"북쪽이 두 개라고요?"

"못 믿겠다는 눈치군. 그렇다면 이걸 한번 보게."

캡틴 R은 계기판을 확인한 후 지우를 불렀다. 캡틴 R의 조종간에는 수많은 계기판들이 제각기 정보를 표시하고 있었다. 그는 중앙에 고정

된 나침반과 둥근 지구본처럼 생긴 기계를 손으로 가리켰다.

"여기 나침반의 북쪽과 이 계기판의 북쪽을 보겠나? 이걸 나란히 두면 어떻게 되는지 볼까? 어때, 좀 차이가 나지? 자북磁北과 진북眞北, 두 개의 북쪽이 존재하기 때문이지. 나침반이 가리키는 북쪽은 자북, 북극성이 가리키는 방향은 진북이라네. 문제는 나침반이 가리키는 북쪽이 북극성이 가리키는 진짜 북쪽과 차이가 있다는 거야. 누구는 지구의 회전축이 기울었기 때문이다, 누구는 캐나다 지하에 묻힌 대규모 철광석 때문이다 등 여러 가지 의견이 있지. 어쨌든 나침반의 북쪽만 따라가면 목적지와 전혀 엉뚱한 방향으로 갈 수 있다는 거야. 현재 지구상의 자북은 캐나다의 북쪽 끝에 있는 레절루트 베이 부근이지. 진북과는 약 966킬로미터나 떨어져 있는 곳이야. 다행히 지금은 항해사나 탐험가들이 이 사실을 알고 있어서 오차를 보정하면서 운행한다네. 오차를 보정해주는 기계가 바로 지금 자네가 보고 있는 '자이로스코프gyroscope'라는 거야. 대형 선박 등은 자북과 진북의 차이가 없는 자이로스코프를 장착함으로써 혼란과 사고를 미연에 방지하고 있지. 물론 이 배에도 이렇게 장착되어 있다네."

지우는 나침반이 가리키는 북쪽이 진짜 북쪽이 아니라는 것, 그리하여 나침반을 제대로 보려면 자북과 진북의 차이를 이해하고, 그 차이를 고려해야 한다는 사실이 너무도 놀라웠다.

"이보게, 지우. 지금까지 열심히 살아왔나?"

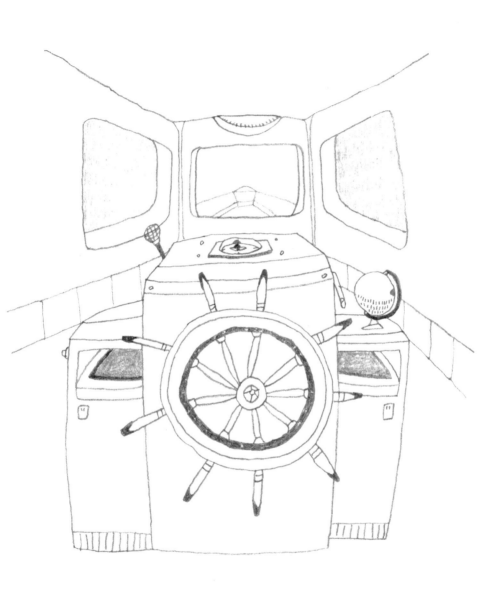

지우는 순간 멈칫했다. 동시에 자신이 살아온 길을 돌이켜 보았다. 짧지만 나름대로 열심히 살아온 삶이었다. 캡틴 R이 지우의 속내를 아는 듯 재차 물었다.

"그런데 무엇을 위해 그렇게 열심히 살아온 거지?"

무엇을 위해? 그것도 질문이라고 하는 건가? 당연히 남들보다 더 빨리 승진하고, 연봉도 많이 받고, 사람들에게 인정받기 위해서 아닌가? 인생의 목표들을 하나하나 정복할 때의 그 쾌감을 이 사람이 모르나 보군. 지우는 정상에 서고 싶었다. 정상에 서기 위해 매일같이 이어지는 야근은 물론 주말 근무도 마다하지 않았다. 아니 이를 당연시했다. 현대인에게 삶이란 정글속의 전투와 같은 거니까. 그 속에서 인간은 두 가지 부류로 나뉜다. 승리자가 되거나, 패배자가 되거나. 안타깝게도 그 중간에 서 있는 인간은 없었다. 무엇보다 지우는 패배자가 될 생각이 추호도 없었다.

"다른 사람들보다 더 빨리 승진하고 더 많은 연봉을 받는 것. 고작 그것이 자네가 열심히 일한 이유인가? 그렇게 열심히 일하면, 자네가 원하는 승리자의 삶을 살 수 있다고 생각했나 보군. 그렇다면 한번만 더 묻겠네. 자네 인생의 진북은 대체 어디인가?"

내 인생의 진북?

지우는 순간 꿀 먹은 벙어리가 된 기분이었다. 지우는 그제야 지금까지 단 한 번도 자신의 삶을 진지하게 고민한 적이 없었다는 걸 깨달았다. 고등학교 시절에는 원하는 대학에 입학하는 게 유일한 목표였다. 간신히 원하는 대학에 진학하자 이제는 좋은 직장을 얻어야 하는 새로운 목표가 생겼다. 결코 쉽지 않은 목표 앞에서 얼마나 조마조마했는지 모른다. 드디어 모두가 선망하는 근사한 직장에 취업했지만, 지우의 삶은 조금도 달라지지 않았다. 아니, 그때부터 하루하루를 버티는 것이 인생의 유일한 과제가 되었다.

'내 삶의 진북은 도대체 어디일까? 내 인생은 어느 방향을 향해 나아가고 있는 걸까?'

"혹시 찰스 핸디 박사를 아는가? 그 사람이 쉘Shell이라는 거대 석유 기업의 아시아 담당 책임자로 있을 때 이 배를 탔다네. 말레이시아에서 런던까지 가는 길이었지. 벌써 30년 전의 일이 되어 버렸군. 당시 그는 전도유망한, 야망에 불타는 패기만만한 젊은이였지. 그때도 나는 그에게 똑같은 질문을 던졌다네. 당신 인생의 진북은 어디냐고 말일세."

찰스 핸디. 지우도 당연히 그의 이름을 알고 있다. 그가 쓴 『코끼리와 벼룩』이라는 책을 보고 한번도 만나지 못한 그를 '인생의 멘토'로 삼아야겠다고 생각했을 정

도였다. 그런 그가 젊은 시절 GUIDE호에 승선했었다는 사실이 반갑기도 하고 놀라웠다. 젊고 유망한 찰스 핸디의 '진북'은 어디였을까. 지우는 몹시 궁금했다.

"젊은 시절의 찰스 핸디는 뭐라고 답했나요?"

"뭐라고 했을 것 같나? 어마어마한 연봉? 남들이 우러러보는 높은 지위? 그 역시 자네처럼 한참을 망설이다가 결국 대답하지 못했다네. 그런데 런던에 도착하기 하루 전날 밤이었어. 갑판에서 와인을 마시고 있는데 그가 나를 찾아와 쪽지 하나를 건네더군. 선장님, 이게 제 인생의 진북이에요, 라면서. 이게 그가 건네준 쪽지일세. 한번 보겠나?"

지우의 손바닥 위에 누렇게 바랜 종이 하나가 얹어졌다. 쪽지에는 다음과 같이 적혀 있었다.

자북: 4개의 P
  - Pay, Profit, Performance, Productivity
진북: 4개의 F
  - Family, Friends, Festival, Fun

쪽지에는 찰스 핸디가 삶의 목표로 새롭게 설정한 가치가 잘 드러나 있었다. 지우는 오랫동안 그가 적어 놓은 자북과 진북, 즉 4개의 P와 4개의 F를 번갈아 바라보았다. 중요한 건 지우 역시 4개의 P를 추구하고, 4개의 F를 중요하게 생각하며 살아왔다는 것이다. 하지만 그 가치들이 단지 머릿속에만 들어 있었다는 게 문제였다. 그 순간 지우의 머릿속에 아버지의 얼굴이 스쳤다. 어머니가 돌아가신 후, 아버지와 보낸 시간이 거의 없었다는 생각이 들자 지우의 얼굴은 이내 잿빛으로 물들었다. 하물며 지금 아버지는 생사조차 알지 못하는 상태가 아니던가. 사랑하는 사람들과 많은 시간을 보냈어야 했는데… 지우는 스스로를 자책했다.

피터 드러커, 톰 피터스 등과 함께 가장 영향력 있는 경영사상가 중 한 명으로 꼽히고 있다. 다국적 기업 쉘의 간부를 거쳐 런던경영대학원에서 경영학을 가르쳤다. 윈저 성에 있는 세인트조지 하우스 학장, 왕립예술학회 회장을 역임했다. 영국 BBC 라디오 방송 〈투데이〉에서 '오늘의 사색'이라는 코너를 진행하면서 경영과 삶을 관통하는 교훈을 선사해 많은 이들로부터 찬사를 받았다.

찰스 핸디는 자신만의 창조적인 관점으로 경영 및 경제를 분석하는 것으로 유명하다. 특히 10년 전에 이미 다국적기업의 확산, 조직 해체, 자유시장경제의 문제점 등 오늘날 우리가 안고 있는 문제점을 예견해 주목을 받았다. 1994년 '올해의 경제 평론가상'을 수상한 『The Empty Raincoat』를 비롯해 『올림포스 경제학』, 『헝그리 정신』, 『홀로 천천히 자유롭게』, 『코끼리와 벼룩』, 『비이성의 시대』 등 베스트셀러를 남겼다.

찰스 핸디
Charles Handy,
1932~

찰스 핸디는 『헝그리 정신』(개정판 제목은 '정신의 빈곤The Hungry Spirit')을 통해 다음과 같이 삶의 세 가지 유형을 소개하고 있다.

첫째,
　　금전적·사회적 안정을 추구하는 생계유지형 삶
둘째,
　　높은 성취욕과 권력, 지위를 추구하는 외부지향형 삶
셋째,
　　개인적인 성숙, 자아, 타인과의 관계를 추구하는
　　내부지향형 삶

이를 전제로, 그는 물질주의가 만연한 시대일수록 '내부지향형' 인간이 되어야 한다고 우리에게 권면한다. 내부지향형 인간이야말로 보다 충만하고 만족스러운 삶을 살 수 있기 때문이다.

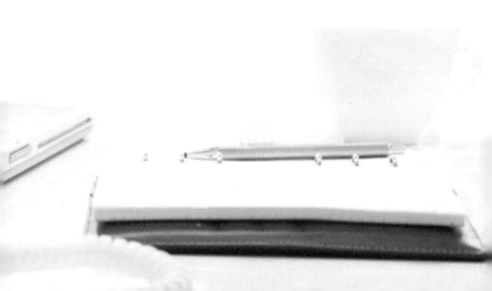

인생은 등산이 아니다, 인생은 항해다

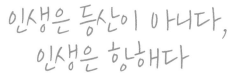

잠시 긴 침묵이 흘렀다. 캡틴 R이 다시 말문을 열었다.

"바깥을 보게. 무엇이 보이나?"

지우는 조종실 밖으로 시선을 돌렸다. 그저 가도 가도 끝이 없을 것 같은 광활한 바다만이 펼쳐져 있었다. 고향의 부둣가를 출발한 지 3일째. 지우를 태운 GUIDE호는 어디서 보아도 똑같은 바다를 천천히 유영하고 있었다.

"바다뿐인데요. 혹시 뭔가 특별한 게 더 있나요?"

"아닐세. 바다가 보이는 게 맞지. 항해를 하다 보면 계속 같은 자리에 있는 것 같은 착각에 빠진다네. 어제도 바다, 오늘도 바다…. 마치 꿈속을 거니는 것 같지. 바다에서는 시간적, 공간적 감각이 흐려지거든. 우리의 인생도 마찬가지야. 내가 GUIDE호를 운행하면서 깨달은 게 있다네. 인생은 등산이 아니라 항해라는 것이지."

"등산이 아니라 항해라고요?"

"인생이란 쳇바퀴를 돌 듯 비슷한 일상이 반복되는 거야. 그러나 사람들은 짜릿하고 흥미진진한 인생을 꿈꾸지. 높은 봉우리와 깊은 계곡, 멋진 폭포를 지나는 스펙터클한 경험 말일세. 하지만 어디 인생이 그런가? 나도 자네 나이 때는 환상적인 삶이 펼쳐질 거라고 믿었다네. 적어도 나만은 그럴 거라고 굳게 믿었지. 그런데 지금 와서 돌이켜보면, 삶이란 평범한 하루하루의 연속이었어. 우리의 항해처럼… GUIDE호는 분명 전진하고 있지만 주위의 풍광은 크게 달라지지 않지. 지루할 정도로 같은 풍경만 반복될 뿐이야. 그것이 인생이야. 그래서 삶의 의미, 즉 진북을 놓치지 않는게 중요하다는 거야. 인생의 진북을 놓치지 않아야 하루하루 조금씩 전진할 수 있거든. 그래야 지루함도 극복할 수 있지. 내가 이배를 운항하기로 결심한 게 언제인지 아나? 바로 인생이 등산이 아니라 항해라는 걸 깨달은 순간부터야."

인생은 항해다… 지우는 말없이 고개를 끄덕거렸다. 캡틴 R의 말을 이해할 수 있을 것 같았다. 그러고 보니 지우의 삶은 항해보다는 등산에 가까운 여정이었다. 눈앞에 보이는 고지는 도도하게 지우를 내려다보고 있었다. 지우는 저 고지만 정복하면 마음껏 휴식을 취할 수 있으리라 여겼다. 그러나 정상에 선 순간, 지우의 눈앞에 또 다른 봉우리

65

가 나타났다. 그것도 지금까지의 봉우리보다 훨씬 더 높은 봉우리였다. 힘든 수험생 시절을 거치고, 대학 진학이라는 봉우리를 정복하자 취업이라는 더 높은 봉우리가 나타났다. 그 봉우리를 힘겹게 올라서자 이번에는 진급과 높은 연봉이라는 거대한 봉우리가 펼쳐져 있었다. 삶의 무게는 시간이 지날수록 더욱 무겁게만 느껴졌다.

그렇게 몇 개의 봉우리를 거친 후, 지우는 자신이 왜 산을 오르는지조차 알 수 없었다. 어깨 위에 짊어진 배낭의 무게가 하루하루 연명하는 삶처럼 무겁다는 사실을 깨달았을 때, 지우는 비로소 자신이 지쳐 있음을 깨달았다. 지우는 길을 잃은 조난자처럼 **빨간 여왕의 딜레마** _「이상한 나라의 앨리스」에 나오는 빨간 여왕에서 나온 말. 빨간 여왕이 다스리는 나라는 풍경이 계속해서 움직이기 때문에 제자리에 있으려면 계속 달려야 한다. 현대 사회의 무한 경쟁과 끝이 보이지 않는 테크놀로지의 발전을 걱정스러운 눈으로 바라볼 때 인용된다 에 빠져 있는 자신을 발견했다. 영원히 끝나지 않을 것 같은 두려움, 같은 자리를 계속 맴돌고 있는 듯한 무기력함이 자신을 에워싸고 있었다. 물론 지우는 알고 있었다. 자신이 지금 인생이라는 등반에서 길을 잃고 헤매고 있다는 것을. 산에서 길을 잃었을 때에는 지나온 길을 되짚어 돌아가는 것이 가장 안전하다는 사실을 알고 있었다.

'지금이라도 산을 내려가야 해.'

하지만 그 결심은 마음속에서만 맴돌 뿐, 지우의 지친 다리는 여전히 봉우리를 향해 움직이고 있었다. 저 봉우리만 지나면 멋진 휴식이 기다리고 있을 것 같은 기대감이 지우의 발걸음을 부추겼다. 아니, 지우에겐 지친 발걸음을 돌이켜 하산할 용기가 없었다.

사막을 건너는 여섯 가지 방법
Shifting Sands

스티브 도나휴 지음

인생이란 사하라 사막을 건너는 것과 같다는 깨달음을 얻은 스티브 도나휴의 사하라 종단기. 파리에서 출발해 가나의 세콘디타코라디까지 이어지는 수십일 간의 여행. 자칫 무모해 보이는 이 여행에서 그가 정한 목표는 오직 따뜻한 남쪽 해변으로 간다는 것뿐이었다. 그 밖에는 어떠한 계획도, 상세한 일정도 세우지 않은 채 길을 떠났다. 그렇게 생사의 기로를 넘나들고, 길을 찾아 헤매면서 그는 불확실한 인생의 사막을 헤쳐 갈 다음과 같은 진리를 우리에게 전해주었다.

끊임없이 모양이 변하는 모래사막에서는
지도가 아니라 '내면의 지도'를 따라가라.

오아시스를 만날 때마다 쉬어라.
많이 쉴수록 많이 갈 수 있다.

정체 상태에 빠지면 자신만만한 자아에서
공기를 조금 빼내어야 움직일 수 있다.

사막을 건너는 것은 고독과 외로움,
다른 사람과 함께 하는 것 사이에서 춤을 추는 것이다.

안전하고 따뜻한 캠프파이어에서 나와라.
그리고 깜깜한 사막의 어둠속으로 나아가라.

열정을 가로막는 두려움과
불안함의 국경에서 멈추지 말라.

도나휴에게 인생이란 산이 아니라 사막과 같았다. 분명한 목표가 보이는 산보다, 어디로 갈지 몰라 막막한 사막이 인생과 닮았다고 그는 말한다. 인생이라는 긴 여정 속에서, 길을 잃지 않고 여행을 마칠 수 있는 법을 전하는 그의 가르침에 많은 이들이 동감한 건 지극히 당연해 보인다.

"*평범한 일상의 삶을 소중히 생각하는 것.* 내가 항해를 하면서 깨달은 교훈일세. 사람들은 변화가 없는 삶을 시시하게 여기고, 평범한 삶에서 가치를 찾지 못해 안달을 내곤 하지. 하지만 위대한 삶이라는 것도 잘게 쪼개면 결국 평범한 일상의 연속이라네. 중요한 건 그 사람의 인생이 어디를 향해 가고 있느냐는 것이지. 지우, 자네 인생이 진북을 향해 달려가길 바라네."

창밖에 시선을 고정시킨 채 캡틴 R은 말을 맺었다. 그의 시선 끝에는 끝없이 일렁이는 파도가 펼쳐져 있었다. 지우도 말없이 창밖의 파도만 바라보았다. 🍎

내 인생의 진북은 어디인가?

내가 자북이라고

　　　잘못 생각하고 있는 것은 무엇인가?

1. _____

2. _____

3. _____

5

조리

감자를 먼저,
양파는 나중에 넣어라

"소중한 것을 먼저 하라."

_ 스티븐 코비

껍질을 벗긴 감자는 소금물에 담가라

조리실은 후텁지근했다. 바다라 습기가 높은 이유도 있지만, 환기구나 창문이 없어 바람이 통하지 않은 탓이 컸다. 아침부터 지우는 양파를 까고, 감자껍질을 벗겼다. 어젯밤, 자신의 진북을 생각하다 잠을 설친 까닭일까. 매캐한 양파 냄새가 가뜩이나 무거운 몸을 더 힘들게 했다. 문제는 감자였다. 식사시간까지는 얼마 남지 않았는데 30분이 지나도 도무지 익을 기미를 보이지 않는다. 50인분의 식사를 준비해야 하는데 보통 문제가 아니었다.

"뚜껑을 닫아야지!"

GUIDE호 주방장인 쉐프 C의 목소리가 조리실에 울려 퍼졌다. 여든에 가까운 나이가 믿기지 않을 정도로 목소리는 쩌렁쩌렁했다. 모자 속에 윤기가 흐르는 은발을 감추고, 카이저수염을 멋지게 기른 쉐프 C는 주방에서는 단호하고 깐깐하지만, 주방만 나서면 인자한 할아버지로 변해 '두 얼굴의 사나이'로 불린다. 오늘도 예외는 아니어서 지우가 익지 않는 감자를 탓하며 물이 끓는 냄비 속의 감자를 연신 젓가락으로 찌르자 버럭 소리를 질렀다.

쉐프 C는 잘 나가던 프랑스 레스토랑의 요리사였다고 한다. 그가 GUIDE호의 주방을 책임지게 된 건 20년 전 모나코의 한 호텔에서 캡틴 R을 만난 후부터였다. 모나코의 특급호텔에서 조리장으로 일하던 그는 자신보다 요리에 해박한 캡틴 R로부터 GUIDE호에 주방장이 필요하다는 제안을 주저 없이 받아들였다고 한다.

"감자껍질을 벗기는 것도 힘들지만, 감자가 이렇게 안 익을 줄은 몰랐어요."

지우의 입에서 볼멘소리가 튀어나왔다. 몇 번이나 젓가락으로 찔러보았지만 감자는 여전히 딱딱했다. 바로 이때, 쉐프 C는 뚜껑을 닫아야 냄비에 들어 있는 감자가 빠르게 익는다고 가르쳐준 것이다. 원리는 간단하다. 뚜껑을 닫으면 냄비의 절반을 채운 물이 끓어오르는데, 이때 발생하는 증기가 감자를 골고루 익게 만든다. 만약 지우처럼 뚜껑을 열어 놓으면 절반은 익고, 절반은 익지 않은 감자를 먹게 된다. 지우가 냄비의 뚜껑을 닫자 쉐프 C는 다시 한마디 거들었다.

"이보게 친구, 지금 그 감자로 요리를 하겠다는 건가? 소금물에 미리 담갔어야지, 쯧쯧…."

지우는 쉐프 C가 손으로 가리킨 곳을 보았다. 큼지막한 도마에 지우

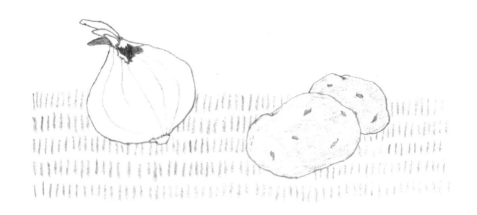

가 껍질을 벗겨 놓은 50인분의 감자가 수북이 쌓여 있었다. 자세히 보니 감자의 표면이 연한 갈색으로 변색되어 있었다. 산화작용이 일어난 것이다. 음식물이 산소와 접촉하면 산화가 일어나는데, 이 산화를 촉진하는 효소는 살아 있을 때 더 빨리 반응한다. 껍질을 벗겨 둔 감자나 사과를 소금물이나 레몬주스 또는 식초를 희석한 물에 담가 두어야 하는 건 이 때문이다. 구연산과 초산, 비타민 C등이 산화를 방지하는 데 효과적이기 때문이다.

"인생도 이 감자랑 똑같지. 하나도 다를 게 없어."

쉐프 C는 색이 변해버린 감자의 표면을 일일이 다시 깎았다. 감자를 깎다가 '인생 얘기'라니, 이거 비약이 좀 심한 거 아냐? 지우의 입꼬리가 살짝 올라갔다. 하지만 쉐프는 아는지 모르는지 하얀 속살을 드러낸 감자를 이리저리 돌려보며 만족스러운 표정으로 그릇에 던져 넣었다. 그릇에는 소금물이 담겨 있었다.

"오랫동안 방치하면 변색되는 법. 세상의 이치도 그렇지. 처음 일을 시작할 때의 열정과 의지를 그대로 유지한다는 게 얼마나 힘든지는 자네도 잘 알겠지? 내 친구 가운데 르네 마르고^{Rene Margaux}라는 요리사가 있다네. 클리세리 데 릴라^{Clisserie des Lilas}라는 유명한 레스토랑에서 25년이나 주방장을 한 친구지. 근사한 외모에 실력도 빼어나서 인기가 아주 많았지. 그런데 어느 날, 그가 자살했다는 소식이 들려온 거야. 경찰이 그의 방에서 작은 메모를 발견했는데, 거기에 이런 글귀가 적혀 있었다네.

'언제까지고 양파 스프와 비프 타르타르를
만들며 살 수는 없다.'

그는 자살한 게 아니었던 거야. 25년간의 안락함이 가져온 권태감이 그를 죽인 거지. 지우, 의욕은 꺾이기 쉽고, 열정은 식기 마련이라네. 그게 인생이야. 그래서 인생에는 노력이 필요한 거야. 소금물에 담가 둔 감자처럼, 열정과 즐거움이 식지 않도록 노력을 기울여야 인생의 가치가 보존되는 거야. 어디 나라고 요리가 항상 즐거웠겠나? 칼과 도마가 꼴도 보기 싫어 집어던진 게 몇 번인지 모른다네. 그때마다 내가 어떻게 이겨냈는지 아나? 요리 대신 여행을 떠나거나, 책을 보거나, 다른 나라의 전통요리를 배우며 내게 '다른' 시간을 선물로 주었다네. 요리가 다시 하고 싶을 때까지…. 그럼 거짓말같이 다시 요리가 하고 싶어지곤 했지."

이 할아버지, 역시 보통이 아니셨다. 자신이 하는 일을 재미있다고 느끼는 사람이 과연 몇이나 될까. 그건 지우도 마찬가지였다. 그토록 원하던 직장에 취직해 신입사원으로 일을 배우던 시절의 지우는 패기와 열정으로 가득 차 있었다. 하지만 직급이 오르고, 연봉이 오르면서 일은 쉬워졌지만, 그만큼 재미가 없어졌다. 마음 깊이 존경하기 힘든 직장상사를 볼 때면 훗날 자신의 모습을 보는 것 같았다. 당장이라도 회사를 때려치우고 싶었지만, 명함 속 자신의 이름을 포기하기란 말처럼 쉽지 않았다. 매달 꼬박꼬박 자신을 찾아오는 카드명세서는 쳇바퀴 같은 일상에서 절대로 벗어나지 못할 거라는 불길한 신호로 다가왔다. 직장 선배들과 소주 한 잔 걸치며 인생 상담이라도 할라치면, 그게 바로 회사와 사회에 적응해가는 증거라는 뻔한 대답만이 돌아왔다.

모두들 그렇게 살아간다…

그 말에 지우는 아무런 저항조차 할 수 없었다. 그런데 지금, 쉐프 C는 '감자'라는, 흔한 음식 재료를 가지고 지우가 그토록 찾아 헤매던 해답을 가르쳐주었다. 지우는 패기와 열정이 사라진 자신을 안타까워하되, 그것을 보존하기 위해 아무런 노력을 기울이지 않은 것이다. 소금물에 담가 놓은 감자를 보며 지우는 식어버린 열정을 방치한 지난 시간이 너무도 안타까웠다.

'아, 소금물에 담가 놓았어야 했는데….'

내 인생의 열정을 간직할 수 있는 소금물을 적어보자.

1:

2:

3:

지금 있는 재료만으로도 훌륭한 요리를 만들 수 있다

"감자의 교훈은 또 있다네. 감자를 아끼지 않으면 항해 내내 배를 곯게 되지. 배를 오랫동안 타다 보면 자연스럽게 재료를 아끼게 된다네. GUIDE호의 식재료는 지상에서처럼 넉넉하지 않아. 감자 한 개, 달걀 하나 함부로 다뤄서는 안 되지. 하지만 난 넉넉하지 않은 재료와 조리도구로 다양한 음식을 만들어 선원들을 먹여야 한다네. 그래서 항상 음식을 만들기 전에 재료를 앞에 놓고 고민을 한다네. 끓이는 게 나을까, 볶는 게 나을까, 그냥 날것으로 먹는 게 나을까를 상상하지. 충분치 않은 재료로 맛있는 음식을 만들기 위해서는 '창의성'이 필요하거든. 시저 샐러드 Caesar Salad를 먹어봤겠지? 살다보면 그 음식처럼 내게 있는 재료만으로 요리를 만들어야 하는 때가 온다네. 멋진 요리를 만드는 법이 궁금한가? 이것만 알면 누구나 만들 수 있다네. 내게 주어진 재료를 잘 기억하기, 그리고 내게 주어진 식재료를 소중히 생각하기."

80

시저 샐러드. 시저 카디니Caesar Cardini가 운영하는 작은 호텔 '티후아나'에서 탄생한 이 요리에 얽힌 일화는 지우도 알고  있다. 그 당시 호텔은 객실과 식당이 함께 붙어 있는 경우가 많았다. 1920년대 할리우드 스타들은 대중의 시선과 '금주법'으로부터 자유롭고 싶었다. 그 탈출구가 바로 '티후아나'였다. 주말이면 호텔은 사람들로 가득했다. 어느 날, 호텔을 찾은 손님이 너무 많아 준비해둔 고기가 다 떨어지는 비상사태가 생기고 말았다. 남은 거라곤 양상추뿐이었다. 하지만 카디니는 당황하지 않고 새로운 샐러드 드레싱을 준비해 손님들에게 즉석에서 샐러드를 제공했다. '시저 샐러드'가 탄생한 순간이었다. 자신이 현재 갖고 있는 재료를 창조적으로 활용해 위기를 극복한 것이다. 알다시피 오늘날 시저 샐러드는 전 세계인이 즐겨 먹는 히트 메뉴가 되었다.

지금 있는 곳에서, 지금 갖고 있는 것만으로 최선을 다하는 게 요리뿐만은 아니다. 댄 그로긴Dan Groggin의 에피소드도 많은 것을 생각하게 한다. 어느 날, 그로긴은 친구에게 수녀복을 선물로 받았다. 그는 고민 끝에 낡은 마네킹을 사서 수녀복을 입혀 놓고, 자신이 사는 아파트에 세워 놓았다. 얼마 후 놀라운 일이 벌어졌다. 그의 집을 찾은 손님들은 수녀복을 입은 마네킹을 보며 박장대소했고, 여기에서 영감을 얻은 그로긴은 시나리오를 써내려갔다. 세계적인 뮤지컬 〈넌센스Nonsense〉가 탄

생한 순간이었다. 댄 그로긴과 〈넌센스〉는 지금 내가 있는 자리에서, 지금 내가 갖고 있는 것만으로도 얼마든지 훌륭한 작품을 만들 수 있다는 것을 보여준다.

쉐프 C와의 대화를 통해 지우는 세상을 보는 생각의 틀이 조금씩 바뀌는 걸 느꼈다. 그동안 지우는 아무것도 갖고 있지 않은 삶을 불행하다고 여겼다. 하지만 이제는 아니다. 불행한 삶이란 자신이 가진 것에 만족하지 않는 것임을 알게 되었다.

인생의 비극은 인간의 소유와 무소유에 있지 않고, 자신보다 많은 것을 가진 자와 비교하는 질시와 부러움에서 태어난다는 것을 깨달았다. 왜 내 아버지는 친구의 아버지보다 가난할까? 왜 나는 저 사람보다 외모가 뛰어나지 않을까? 삶을 초라하게 만드는 가장 빠른 비결은 이러한 '상대적 박탈감'에서 생겨난다. 지우도 그랬다. 남들에게 내세우기 부끄러운 가정 환경, 평범한 학력, 평범한 외모…. 지우는 항상 자신과 자신이 처한 환경이 불만스러웠다. 그러나 지금 지우는 완전히 '다른' 생각을 하게 되었다.

'내가 부잣집에서 태어났다면, 외모가 남들보다 뛰어났다면 과연 행복했을까? 처음에는 행복했겠지. 하지만 결국 더 크고 더 멋진 무언가를 욕망하고 있었을 거야. 더 큰 자동차와 더 넓은 집… 사람의 욕망이란 밑 빠진 독과 같은 거야. 끊임없이 물을 채워야 하는….'

특급호텔 요리사처럼 멋진 스테이크를 만들지 못하는 자신을 탓하기 전에 지금 있는 양상추로 멋진 샐러드를 만드는 것. 누구나 남들에게 인정받고 사랑받을 수 있는 자신만의 가치를 갖고 있다는 것. 쉐프 C가 지우에게 전하고픈 가르침은 바로 이것이 아닐까?

요리에는 순서가 있다

"이제는 스튜를 만들 걸세. 스튜를 만들 때에는 딱딱한 채소부터 익혀야 하는 건 알고 있겠지?"

'이보세요, 쉐프님. 제가 그걸 어떻게 알겠어요? 저는 요리가 처음이라고요' 라는 말이 목구멍까지 차오르는 걸 참고 지우는 말없이 고개만 끄덕였다.

"요리와 인생은 참 닮아 있다네. 딱딱한 채소부터 익혀라, 이 말은 재료를 집어넣는 순서가 그만큼 중요하다는 뜻이지. 야채와 고기를 한꺼번에 넣고 끓이면 요리가 엉망이 되거든. 감자나 당근은 설익어서 입 안에서 서걱거리고, 청경채나 양파는 흐물거려서 원래 모양을 찾기도 힘들지. 인생도 그렇듯이 요리에도 순서가 있다네. 유능한 요리사가 되려면 우선 재료를 익히는 순서를 배워야 해."

커다란 냄비에 국자를 휘휘 저어가며 쉐프 C는 계속 말을 이었다. 감자를 먼저, 양파는 나중에! 순서대로 재료를 익히지 않은 요리는 맛이 없다는 원칙을 지우는 마음속으로 계속 되뇌었다. 그 순간 지우는 스티븐 코비 박사의『소중한 것을 먼저 하라』라는 책이 생각났다. 계속되는 야근과 주말 근무로 인해 몸과 마음이 극도로 지쳐 있을 때였다. 몸이 부서져라 일했건만, 팀장 자리는 자기보다 1년 늦게 입사한 후배의 차지였다. 후배의 아버지가 회사의 중역이라는 사실을 알게 된 건 그로부터 넉 달 후였다. 그날 저녁, 지우는 연주와 제법 많은 술을 마셨다. 그날, 연주가 건넨 책이『소중한 것을 먼저 하라』였다. 책을 요약하자면 '올바른 방향'이 중요하다는 것이었다. 조타실에서 캡틴 R이 들려준 '진북과 자북'이 자연스럽게 겹쳐졌다.

"재료를 익히는 순서를 알려면 재료가 갖고 있는 고유의 특성을 알아야 한다네. 내 제자 에드워드 권에게 제일 먼저 가르친 것도 바로 이것이었지."

"에드워드 권이요?"

85

"세계 유일의 7성급 호텔 두바이 버즈 알 아랍의 수석 총괄 조리장을 모르다니. 내가 가장 아끼는 제자 중 한 명이지. 자네와 나이가 비슷할 거야. 미국의 리츠 칼튼 하프문베이에서 함께 일했었지. 어느 날, 그가 찾아와 훌륭한 요리사가 되는 법을 물어왔지. 그래서 나는 하나만 명심하라고 했어. 제일 먼저 식재료를 정확하게 알아야 한다고 말이야. 지우, 우리가 먹는 치즈의 종류가 몇 가지일 것 같나?"

"글쎄요, 수십 가지쯤 되나요?"

"허허, 놀라지 말게. 1천 가지가 넘는다네. 에드워드는 식재료를 제일 먼저 알아야 한다는 내 말을 듣고 모든 재료를 조리하지 않은 상태에서 맛을 보았다네. 그 힘든 '생식훈련'이 오늘의 그를 있게 한 거야. 놀라운 건 세계적인 요리사가 된 지금도 낯선 식재료를 보면 무조건 입에 넣는다는 거야. 식재료에 대한 통찰력이 생긴 순간, 그의 요리에 생명력이 붙기 시작한 셈이지."

••• 에드워드 권 (권영민)

★ 1971년생
★ 리츠 칼튼 샌프란시스코 수석 조리장
★ 리츠 칼튼 하프문베이 수석 조리장
★ 서울 더블유W 호텔 부 총주방장
★ 중국 쉐라톤 그랜드 텐진 호텔 총주방장
★ 두바이 페이몬트 호텔 수석 총괄조리장
★ 현재, 두바이 버즈 알 아랍 수석 총괄조리장

500여 개의 최고급 호텔이 치열한 경쟁을 벌이고 있는
아랍에미리트연합UAE의 두바이.
에드워드 권은 세계 유일의 7성급 호텔인
버즈 알 아랍의 수석 총괄 조리장으로
400명의 요리사를 지휘하고 있다.

생식 훈련 이란?

당근, 감자, 브로콜리 등
다양한 식재료들을 한 달 동안
매일 같은 시간에 잘라서 먹는다.
한 달 후, 똑같은 식재료를 매일
같은 시간에 같은 양을 볶아서
먹는다. 동일한 조건에서 최소한의
변수만 준 상태에서 재료의 차이를
느끼게 되고, 결국 각각의 재료를
제대로 이해할 수
있게 된다.

소중한 것을 먼저 하기 위해서는 소중한 것이 무엇인지 알아야 한다. 스티븐 코비 박사는 중요도와 긴급함을 기준으로 일을 구분하라고 가르치고 있다. 그는 많은 사람들이 단지 급하다는 이유로 소중하지 않은 일을 먼저 하는 오류에 빠져 있다고 지적한다. 채소와 고기를 구분할 수 없을 정도로 엉망진창이 된 소고기 스튜처럼 우리의 인생이 맛이 없는 까닭은 감자가 아닌 양파를 먼저 집어넣었기 때문인지도 모른다. 지우가 자신의 어리석음을 탓하는 동안 쉐프 C가 냉장실에서 김치를 꺼내어 지우에게 건넸다.

"김치를 적당히 잘라주게. 식탁에 놓을 거니까 한 입에 들어갈 정도로. 김치는 참으로 대단한 식품이야. 맛도 좋지만, 건강에도 참 좋거든. 우리처럼 바다에서 오랫동안 생활하는 사람에겐 비타민을 보충시켜주는 최고의 건강식품이지. 발효음식은 역시 한국이 최고야."

외국인 요리사가 김치를 극찬하다니. 지우는 마치 자신이 칭찬받은 것처럼 기분이 좋았다. 그리고 비닐장갑을 왼손에 끼고 오른손으로 칼을 잡았다. 그 모습을 보고 있던 쉐프 C가 지우의 장갑을 벗겨냈다.

"장갑은 벗게. 음식은 손맛이지. 음식을 손으로 버무리면 한결 맛이 좋아진다네. 사람의 체온 때문에 음식에 양념이 골고루 배거든. 장갑을 끼는 건 음식에 대한 예의가 아니지. 요리하는 사람은 손이 더러워지는 걸 감내해야 한다네. 하나님도 진흙으로 아담을 만들 때 손이 더러워지는 걸 피할 수 없었을 거야. 명심하게. 손이 더러워지지 않으면 일을 할 수 없다는 걸. 에드워드 권은 지금도 쓰레기통을 직접 비운다네. *손이 더러워지는 걸 두려워하지 않는 것*, 자신이 하는 일을 사랑하는 것의 출발점은 거기에 있다네."

세계 최고의 호텔에서 400명의 요리사를 진두지휘하는 조리장이 자신의 쓰레기통을 직접 비우다니…. 손이 더러워지는 걸 두려워하지 마라. 오늘따라 유난히 맛있는 냄새가 조리장을 가득 채우고 있었다. 🍷

소중한 것을 먼저 하라
First things First

스티븐 코비
Stephen R. Covey

세계적으로 존경받는 리더십 권위자이자 가족공동체 전문가, 교사, 조직 컨설턴트, 저술가인 스티브 박사의 명저. 2003년, 그는 9명의 아이들을 둔 아버지, 43명의 손자·손녀를 둔 할아버지로 '좋은 아버지상'을 수상하며 "어떤 상보다도 뜻 깊은 상"이라고 소감을 밝혔다.

그의 저서 『성공하는 사람들의 7가지 습관』은 1994년 4월 15일 초판 발행 이후 전 세계에서 1,500만 부 이상 판매되며 '20세기에 가장 큰 영향을 끼친 비즈니스 서적' 중 한 권으로 선정되었다. 세계적인 경영 컨설턴트 톰 피터스가 "당신의 삶을 송두리째 뒤바꿔 놓을 경이로운 책"이라고 극찬한 이 책은 단기적인 성과를 낼 수 있는 스킬에 초점을 맞춘 기존의 책들과 달리 자기 혁신, 가정 개혁, 기업과 국가의 개조를 위한 근본적 가치관에 초점을 맞추는 등 완전히 다른 패러다임을 제공하고 있다.

스티븐 코비는 현재 123개국에 지사를 둔 프랭클린 코비 사의 공동 설립자 겸 부회장으로 개인과 조직의 변화와 성장을 돕고, 이를 실행할 비전과 규율, 열정을 전파하는 데 최선을 다하고 있다. 『원칙 중심의 리더십』, 『성공하는 가족들의 7가지 습관』 등 다른 책들도 2천만 부 이상 판매되는 등 우리 시대를 대표하는 경영사상가로 불리고 있다.

지금 내가
가장 먼저
하고 싶은
소중한 것은
무엇인가?

6

첫 번째 경유지

연료와 음식이 충분한지 확인하라

"피드백을 하지 않는 것은
눈을 감고 세상을 떠도는 것과 같다."

_ 조셉 포크먼

육지 멀미

오랜만에 육지를 밟은 지우는 묘한 현기증을 느꼈다. 처음 배에 탔을 때의 느낌. 발을 내딛을 때마다 발바닥에 느껴지는 마른 땅이 어색하기만 했다. 마치 물을 잔뜩 머금은 스펀지를 걷는 것 같았다.

"육지 멀미라네. 오랜만에 육지를 밟은 우리 같은 사람에게 찾아오는 불청객이지. 귓속에 있는 세반고리관≫회전 감각을 담당하는 기관과 전정기관≫위치 감각을 담당하는 기관이 '저에게 시간을 좀 주세요'라고 외치는 거야. 좀 있으면 괜찮아지니 걱정하지 말게."

보급책임관 K가 지우의 어깨를 툭 치며 웃었다. 보급책임관 K는 뚱뚱하고 머리숱이 없지만 활달한 성격이 멋진 이탈리아 남자다. 입만 열면 정체를 알 수 없는 오페라의 한 대목을 흥얼거리고, 좋고 싫은 게 분명한 전형적인 이탈리아 사람이었다. GUIDE호에 승선하기 전 유명한 오페라 가수였다는 그는 겉보기와 달리 아주 꼼꼼한 성격으로 정평이

나 있다. 캡틴 R이 그에게 보급책임관의 자리를 맡긴 것도 우연은 아니었다.

"배를 타다 보면 사람이란 참 둔한 동물이라는 걸 알게 된다네. 육지에 있다가 배에 타면 배 멀미를 하고, 배를 타다가 육지에 도착하면 육지 멀미를 하지. 환경이 바뀌지 않으면 자신이 타성에 젖어 있는지 알 수 없는 동물, 그게 바로 사람이야. 멀미는 우리 몸에 변화가 생겼다는 신호지. 사람이 얼마나 변화를 싫어하는지 알 수 있는 사례이기도 하고. 하지만 편안함이 계속 이어지는 때가 바로 변화해야 할 때라는 걸 잊어선 안 돼. 사는 동안 변화는 피할 수 없어. 변화를 준비하지 않으면 결국 패배하고 말지. 멀미를 이기지 못하고 쓰러지는 사람처럼 말이야."

그렇다, 변화란 반드시 일어나는 것이다. 문제는 그 변화가 언제 일어나는지 알 수 없다는 데 있다. 하루하루 똑같은 삶을 사는 것 같지만, 어느 순간 돌아보면 자신도 모르는 사이에 아랫배가 불룩 나와 있는 것과 같다. 배에서 육지로 발을 딛을 때처럼 멀미가 나면 다행이지만, 우리를 찾는 변화라는 녀석은 좀처럼 경고하는 법이 없다. 그래서일까. 우리는 일상 속에서 늘 변화를 겪으면서도 그것을 체감하지 못한 채 하루하루를 보낸다. 마치 물의 온도가 올라가는 것도 모르고 뜨거운 물속에서 죽고 마는 어리석은 개구리처럼 말이다.

적어두지 않으면
잊어버리는 거야

아직 멀미에서 벗어나지 못한 지우와 달리 보급책임관 K는 발걸음을 재촉했다. 그의 손에는 항해에 필요한 물품들을 꼼꼼하게 적은 여러 장의 메모지가 들려 있었다. 그것들을 모두 구입하려면 하루 종일 시장을 돌아도 부족할 것 같았다.

"그렇게 많이 사야 하나요?"

"지우, 사람들이 물건을 찾는데 매일 평균 55분을 사용한다는 사실을 알고 있나? 난 그 시간을 좀 더 생산적으로 쓰고 싶은 사람이야. 항상 준비하면 가능하지. 자, 우선 채소가게에 가세. 뱃사람들에게 신선한 채소는 목숨과 같으니까."

항해를 하면서 신선한 채소와 고기를 섭취하는 건 매우 중요하다. 선원들에게 위험한 것 중 하나는 '괴혈병'이다. 괴혈병은 단순히 잇몸에서 피가 나는 데 그치지 않고, 고열이 나거나 체내 출혈을 유발해 경련과 호흡 곤란을 초래해 사망에 이를 정도로 무서운 병이다. 하지만 과거에는 라임즙과 절인 양배추 외에 괴혈병을 막을 대비책이 없었다고 한다. 신선한 고기를 공급하기 위해 살아 있는 소를 배에 태우기도 했지만, 큰 파도가 치고 나면 소가 다쳐 결국 도살해야 했다. 신선한 채소를 먹는다는 건 더더욱 힘들었다. 이렇게 경유지에 도착하는 경우가 아니라면 항해 중에 신선한 채소를 먹는 건 거의 불가능하다. 한동안 딱딱한 빵과 치즈, 절인 야채만 먹던 선원들에게 오늘 저녁은 근사한 성찬이 될 것이다. 벌써부터 지우는 후끈한 조리실에서 분주하게 뛰어다닐 쉐프의 모습이 보이는 듯했다.

"자, 이번에는 신선한 고기를 사야지."

손에 쥔 메모와 손수레에 산더미처럼 쌓여 있는 채소와 과일을 꼼꼼히 확인하던 보급책임관 K가 물었다. 썰물이 되기 전 배로 돌아가야 하기에 시간은 넉넉하지 않았다.

"그럼요. 신선한 고기를 먹어본 지 너무 오래됐잖아요. 갓 잡은 생선 외에는…."

"한번은 신선한 고기를 선원들에게 주기 위해 수천 마리의 닭을 사서 배에 실었다네. 덩치가 큰 소나 돼지보다 관리하기 편할 것 같아서였지. 신선한 달걀도 먹을 수 있고."

그 많은 닭들을 어디에 실었을까? GUIDE호는 모두 4개의 층으로 구성되어 있다. 맨 아래층은 화물칸과 엔진실, 그 위는 의료실과 창고, 3층과 4층은 선원들과 승객들의 숙소로 이루어져 있다. 3층에는 숙소와 함께 조리실, 식당이 있고, 4층에는 작은 도서관과 휴게실이 있다. 보급책임관 K는 닭들을 2층 다용도실에 실었다고 했다. 하지만 그 시도는 결국 실패하고 말았다. 평소 배는 절반 정도가 물에 잠겨 있다. 물에 잠겨 있지 않으면 운항이 불가능하기 때문이다. 배의 맨 아래 칸과 바로 위 칸은 항상 물속에 잠겨 있는 셈이다. 바로 이 공간에 수천 마리의 닭들을 집어넣은 게 화근이었다. 두세 겹 정도 두툼하게 타르를 바른 덕분에 방수 처리는 잘 되었지만, 물에 차 있는 공간의 습도는 평균을 훨씬 넘었고, 그 결과 신선한 공기가 제대로 공급되지 않은 것이다. 결국 밀폐된 공간에 있던 닭들은 전염성 병균에 쉽게 노출되었고, 출항한 지 얼마 지나지 않아 모두 폐사하고 말았다.

"창고 문을 열었을 때 얼마나 놀랐는지…. 그때 깨달았지. 비록 귀찮더라도 반드시 그때그때 해야 할 일이 있는 거구나. 하루도 빠짐없이 보급품의 상태와 잔량을 확인하고 기록해야겠구나, 라는 걸. 지금도 그때를 생각하면 눈앞이 캄캄해져."

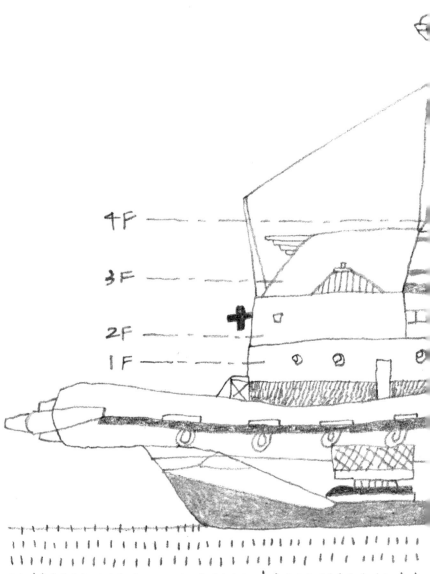

4F

3F

2F

1F

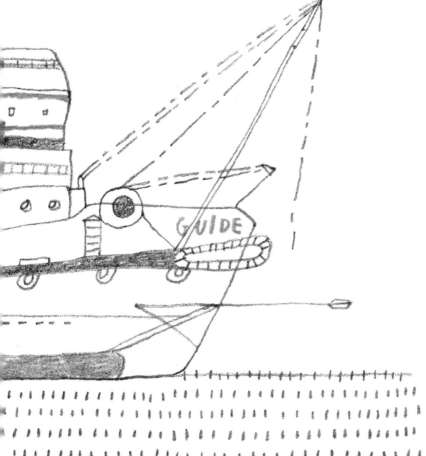

얼마나 남았는지 창고를 자주 열어 확인하라

보급책임관 K의 메모 습관은 그때부터 생겨난 것이었다. 충분하다고, 완벽하게 준비했다고 방심하는 순간 사고가 난다는 것을 깨달은 후였다. 머피의 법칙≫Murphy's Law, 일이 좀처럼 풀리지 않고 갈수록 꼬이기만 하는 경우에 쓰는 용어. 1949년 미국 공군의 엔지니어였던 에드워드 머피가 인간이 중력에 얼마나 견딜 수 있는지를 실험하는 과정에서 나왔다 은 GUIDE호에서도 작용하고 있었다. 보급책임관 K는 매일매일 상황을 확인하고 점검해 기록함으로써 한 순간의 실수를 예방하고 있었다. 그리고 그 메모를 기초로 다음 경유지에 도착해서 어떤 물건을, 얼마나 살지를 손쉽게 결정할 수 있었다. 정육점에 도착한 K가 차의 문을 열면서 말을 이어갔다.

"피드백이 중요하다네. 메모를 하기 전에는 필요한 양보다 넉넉하게 샀지. 부족한 것보다는 나을 거라는 생각에. 그러다 보니 비용이 많이 드는 것은 물론 배가 무거워지는 거야. 당연히 연료가 많이 소모되었지. 하지만 상황에 맞춰 준비하는 물품이 달라져야

103

한다는 걸 안 후에는 달라졌어. 뜨거운 바다를 지날 때에는 물과 소금을 평소보다 많이 준비하고, 기상이 좋지 않거나 추운 극지 방을 항해할 때는 기름을 더 많이 사듯이 말이야."

적정량의 보급품을 유지하고 관리하는 것. 성공적인 항해의 필요충분조건은 바로 여기에 있었다.

"어떤 물건이 얼마나 필요한지를 아는 것도 쉽지 않을 것 같아요. 항해 기간이나 상황, 환경에 따라 다를 텐데요."

"그래서 기록이 필요한 걸세. 내가 매일 배의 이곳저곳을 들쑤시고 다니면서 뭘 적는 줄 아나? 비가 오면 평소보다 연료가 얼마나 더 소모되었는지, 적도 지방을 빠져 나갈 때 얼음과 물은 얼마나 소비되었는지… 이런 것들을 적는다네. 이런 기록이 쌓이면 각각의 상황과 환경에 소모되는 물품이 얼마인지를 예측할 수 있지. 배에 남아 있는 물품으로 얼마나 항해가 가능할지도 알 수 있고 말이야. 지우, 제대로 가고 싶은가? 그렇다면 제대로 피드백을 하게! 과거에 근거하지 않은 채 미래를 예측할 순 없는 법. 내가 바르게 가고 있는지, 인생의 연료는 충분한지 확인해야 하지 않겠나? 노벨이 했던 것처럼 말이야."

노벨상을 제정한 알프레드 노벨은 두 번 죽은 사람으로 유명하다. 노벨의 형이 죽던 날, 한 신문은 노벨의 사망 소식을 전했다. 명백한 오보였다. 신문에 실린 노벨의 사망기사 헤드라인은 다음과 같았다.

'죽음의 사업가, 파괴의 발명가, 다이너마이트의 왕, 사망!'

노벨은 자신의 사망 소식을 전한 기사보다 자신의 죽음을 설명한 헤드라인에 큰 충격을 받았다. 그날 이후, 노벨은 언젠가 찾아올 죽음 앞에서 자신이 어떤 사람으로 기억될지를 깊이 고민하게 되었다. 그 반성은 스웨덴 과학아카데미에 자신의 유산을 기증하고, 노벨상을 제정하는 것으로 이어졌다. 돌아오는 보트에서 보급책임관 K는 이렇게 말을 맺었다.

"노벨은 자신이 발명한 다이너마이트가 살상용 무기로 사용되는 걸 바라지 않았어. 그러나 정치가들과 기업가들은 생각이 달랐지. 제국주의 시대에 다이너마이트를 단순히 건설용으로 사용한다는 걸 그들이 용납했을까? 물론 그 덕분에 노벨은 많은 돈을 벌었지. 만약 사망 오보 기사가 나지 않았다면 어떻게 되었을까? 노벨은 세상이 자신을 어떻게 평가하고 있는지를 알 수 없었을 거야. 그 기사를 통해 노벨은 자신의 삶을 돌아볼 수 있었고, 그때의 성찰이 지금의 노벨상을 있게 한 거지. 지우, 자네의 사망 기사는 어떻게 실릴 것 같은가?"

지우의 입은 좀처럼 열리지 않았다. 단 한번도 생각해보지 않았던 나의 죽음, 그리고 그 죽음을 평가하는 사람들의 시선. '하루하루 결재 서류에 도장을 받으러 쫓아다니다 정작 중요한 일을 하지 못했던 남자, 연지우 사망.' 혹시 이런 기사가 나면 어떡하지? 배로 돌아가는 길에 지우는 자신이 원하는 부고 기사를 생각했다. 보트 위로 시원한 바람이 불어오고 있었다. 보트에 가득한 음식물 때문인지 갈매기 몇 마리가 보트를 따라오고 있었다.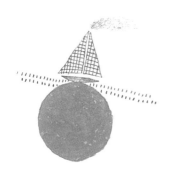

자신의 부고 기사를 미리 적어보자.

7 위기관리

풍랑을 만나면
'돛'을 감아라

"오던 길로 계속 가면
미래로 가는 길을 놓칠 것이다."

_ 찰스 핸디

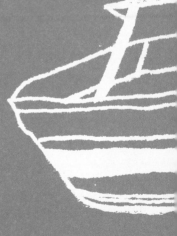

진짜 뱃사람은
거센 풍랑을 즐길 줄 안다

"오늘 밤이나 내일 새벽에 큰 파도가 칠 것 같군. 미리 준비를 해야겠어."

하늘을 바라보는 캡틴 R의 표정이 심상치 않다. 만개한 보름달 주변에 달무리가 져 있다. 달무리가 지면 비가 올 징조라고 할머니는 늘 말씀하셨다. 달무리는 8킬로미터 상공에 권운>새털구름이 생성될 때 나타나는 현상이다. 새털구름은 무수한 빙정>氷晶, ice crystal을 품고 있는데, 이로 인해 달빛이 굴절되어 달무리가 나타난다.

하늘을 뒤집으면 금세라도 쏟아질 듯 총총하던 별들도 오늘 밤은 보이지 않는다. 조타실에서 기상도를 확인하던 캡틴 R은 GUIDE호의 항로에 비구름이 가득한 것을 발견했다. 습기를 가득 머금은 바람이 곧 불어 닥칠 비바람을 예고하고 있었다.

"지우, 기관장을 만나고 오게. 자넬 기다리고 있을 거야."

지우는 즉시 중앙 갑판으로 나갔다. 기관장 E와 선원들이 돛을 감아 올리느라 비지땀을 흘리고 있었다. 출항 이후 계속 펼쳐져 있던 돛은 기계식 도르래에 의해 상단으로 감겨 올라가고 있었다. 돛이 감긴 돛대는 나뭇잎을 모두 떨궈낸 겨울의 나뭇가지처럼 쓸쓸해 보였다.

기관장 E는 한 차례 만난 적이 있었다. GUIDE호에 승선한 첫날 상견례를 나누며 그를 따라 엔진실을 구경했었다. 기관장의 친절한 설명에 따라, 지우는 GUIDE호 같은 큰 배가 바다를 힘차게 가르는 원리를 배울 수 있었다. GUIDE호의 추진력의 원천은 두 가지였다. 하나는 자동차의 차축을 돌리는 원리와 동일하게 구성된 스크루를 돌리는 첨단 기계 엔진이고, 다른 하나는 멋진 사각형의 돛이다. GUIDE호의 돛은 모두 세 개이다. 폭 30미터, 길이 50미터에 이르는 거대한 돛을 지탱하는 '오벨리스크'가 가운데 우뚝 솟아 있고, 양쪽에 도열된 두 개의 작은 돛대는 쌍둥이처럼 똑같다고 해서 '트윈 프론트'≫배 앞머리 돛대, '트윈 리어'≫선미쪽 돛대라고 불린다.

GUIDE호가 엔진을 작동하는 경우는 그리 많지 않다. 배가 출발하거나 멈출 때, 즉 순간적으로 많은 동력이 필요할 때와 바람이 전혀 불지 않는 무풍지대를 지날 때, 그리고 기상 상태가 좋지 않아 바다가 심하게 출렁일 때 엔진을 가동시킨다. 대부분은 오벨리스크를 활짝 펴고, 바람의 힘을 이용해 앞으로 나아간다. 지우는 단순히 배의 연료를 절약하기 위해 엔진을 가동하지 않는 것으로 알았다. 하지만 배에는 지구를 한 바퀴 반을 돌고도 남을 만큼 충분한 연료가 비축되어 있다. 기관장 E는 엔진을 자주 돌리지 않는 이유를 이렇게 설명해주었다.

111

"연료를 절약한다? 하하, 재미있는 생각이군. 지우, 빨리 달리는 것이 반드시 좋은 게 아니라네. 항해에서 가장 중요한 요소는 속도가 아니야. 지나가는 풍경의 변화를 즐길 줄 알아야 진짜 뱃사람이지. 항해 중에 만나는 뜨거운 햇살과 시원한 바람, 끝없이 이어진 수평선… 항해가 아름다운 건 오직 배에서만 누릴 수 있는 자연의 아름다움이 있기 때문이지. 물론 무섭게 몰아치는 비바람과 풍랑도 만나게 되지. 하지만 대자연의 거친 섭리를 음미할 줄 알아야 비로소 항해를 즐긴다고 말할 수 있다네. 뱃사람 사이에 전해오는 얘기가 있지. *풍랑이 능숙한 선원을 만든다!* 항해 중에 일어나는 모든 일을 사랑할 때 진정한 뱃사람이 된다는 얘기지. GUIDE호가 엔진을 끄고 바람의 힘으로 움직이는 이유도 바로 여기에 있다네. 물론 그게 환경에도 좋고 말이야."

항해란 정해진 거리를 빠른 시간에 주파해야 하는 100미터 달리기가 아니다. 비록 천천히 가더라도 항해의 '과정'을 만끽하는 즐거움을 GUIDE호 사람들은 알고 있었다. *무릇 과정을 즐기는 사람을 이길 순 없으리라.*

캡틴 R의 말은 사실이었다. 하늘은 금세 먹구름으로 새카맣게 물들어갔다. 지우의 머리 위로 빗방울이 하나 둘씩 떨어지기 시작했다. 배의 노란 깃발이 미친 듯이 펄럭였다. 기관장 E의 목소리도 한층 높아졌고, 이리저리 작업을 지시하는 손길도 어느 때보다 분주했다. 난생 처음으로 겪는 이 상황에 지우는 무엇을 해야 할지 몰랐다. 그 순간, 도르래를 감아올리던 기관장이 지우를 찾았다.

돛을 내리다

"지우, 그렇게 멍하게 있을 때가 아니야. 이리 와서 도르래를 함께 감자고. 돛이 비에 젖으면 큰일이거든."

중앙 돛대인 오벨리스크가 두르고 있던 돛은 예상보다 훨씬 무거웠다. 이 거대한 돛이 비에 젖으면 그 무게는 감당할 수 없으리라. 만약 세찬 바람이라도 불면 늠름한 오벨리스크라도 돛의 무게를 감당하지 못할 것이다. 비에 젖은 돛의 무게를 감당하기 힘들었는지 도르래에서 끼익끼익 마찰음 소리가 났다. 돛이 감겨 올라가는 속도도 점점 느려지고 있었다. 도르래를 감아올리는 지우의 팔도 부들부들 떨려왔다.

캡틴 R의 리더십은 빛을 발했다. 빗발이 점점 거세졌지만, 그의 혜안 덕분에 모든 돛을 제때에 정리할 수 있었다. 캡틴 R의 지시는 언제나 신속하고 정확했다. 그는 모든 돛이 안전하게 감긴 것을 확인하고,

선원들에게 갑판에서 철수하고 선실로 돌아가 쉬라고 지시했다. 물론 선원들이 쉬는 동안에도 날씨와 주변 환경을 살피는 캡틴 R은 긴장감을 늦추지 않을 것이다.

지우는 기관장 E의 방에 동행했다. 커피를 유난히 좋아하는 기관장 덕분에 이곳에서는 언제나 근사한 커피 머신에서 갓 내린 에스프레소를 즐길 수 있었다.

게다가 오늘은 비까지 내려 유난히 커피가 생각났다. 오랜 경험 때문일까. 기관장 E는 습기가 많은 배에서 원두를 관리하는 법을 잘 알고 있었다. 커피 한 모금이 지우의 몸속을 파고들었다. 갑판에 떨어지는 빗소리가 오늘 따라 더욱 감미롭게 귀에 감겨왔다.

"돛은 양면성을 갖고 있지. 배를 움직이는 가장 중요한 원천이지만, 동시에 풍랑이 치면 배를 침몰시킬 수도 있지. 돛을 제때 감지 않으면 돛대는 부러지고 배는 엉망진창이 되거든. 배를 움직이게 하는 추진력의 원천이 때로는 방해가 될 수 있다는 거야."

추적추적 내리는 비 때문일까. 기관장 E는 지우가 몰랐던 얘기들을 줄줄이 들려주었다. 기관장은 원래 한 기업의 최고경영자^{CEO}였다. 하지만 인생이 늘 순탄한 것만은 아니다. 한때 승승장구했던 기업은 그의 뜻과 달리 점점 수렁 속으로 빠져들었다. 위기였다. 위기를 극복하기 위해 밤낮을 가리지 않고 열심히 일했지만 결국 회사는 부도 직전에 몰리고 말았다. 급기야 그는 술에 잔뜩 취해 바다에 뛰어들고야 말았다.

"바다낚시를 핑계 삼아 바다에 뛰어들었지. 죽는 것만이 유일한 해결책이라고 생각했어. 그런데 운이 좋았는지 죽기 직전에 작은 보트 한 대가 내게로 오는 거야. 때마침 그곳을 지나던 캡틴 R이 나를 발견한 거지. 그렇게 GUIDE호로 옮겨져 응급처치를 받고 목숨을 건지고, 지금까지 이 배에서 살게 되었다네. 돛의 양면성을 겪은 셈이지. 살다보면 성공의 원천이라고 믿었던 것들이 우리의 발목을 잡을 때가 있다네. 거기 책상 서랍을 열어보겠나?"

지우는 작은 책상으로 다가갔다. 두 개의 서랍이 위아래로 자리하고 있었다. 위쪽 서랍을 열자 몇 장의 사진과 필기노구, 명함을 보관한 크리스털 케이스가 깔끔하게 정리되어 있었다. 지우의 눈은 자연스럽게 명함으로 향했다. 노키아NOKIA, C.E.O라는 글씨가 눈에 들어왔다. 휴대전화 세계 1위를 자랑하는 그 유명한 기업의 C.E.O!

"내 명함일세. 아, 한때 내 명함이었지. 하하"

뭐라고? 키만 껑충하게 큰 이 남자가 노키아의 최고경영자였다고?

116

지우는 놀라 입이 다물어지지 않았다.

"1990년대 초, 노키아의 C.E.O였다네. 그 시절 노키아는 정말 힘들었어. 내가 모신 카이라모 회장이 경영 악화에 대한 책임으로 스스로 목숨을 끊을 정도였으니까. 최고경영자인 난 무엇을, 어떻게 해야 할지 몰랐어. 결국 나도 책임을 지자는 생각에 바다에 몸을 던진 거야."

1991~1992년, 노키아는 2억 달러 이상의 적자를 기록하며 존망의 기로에 섰다. 카이라모 회장은 실적 악화를 비관하며 자살이라는 극단적 선택을 하게 되었고, 42세의 요르마 올릴라가 회장으로 부임했다. 그리고 이는 경영학을 공부하는 이라면, 경제에 관심 있는 이라면 누구나 아는 일화이다.

"C.E.O 시절, 나는 과거에 노키아가 해온 방식으로는 경영 위기를 극복할 수 없다는 걸 알고 있었어. 그래서 회사의 미래를 위해 노키아의 본업인 제지, 고무, 화학산업을 포기해야 한다고 주장했지. 하지만 누구도 동의하지 않더군. 오히려 한창 잘 나가는 사업을 접는 게 말이 되느냐고 나를 공격했지. 주주들과 이사회도 동의하지 않았어. 하지만 결국 내 잘못이야. 머리로 알되 그것을 실천하지 못했으니까. 그런데 새로 부임한 요르마 회장은 달랐어. 그는 과감하게 일을 추진했고, 결국 내가 하지 못했던 일을 해내더군. 비록 나는 실패했지만, 그때의 경험을 통해 *과거의 성공에서 자유로울 때 비로소 새로운 도약이 가능하다*는 사실

을 배웠다네. 비바람이 몰아칠 때 돛을 감아올려야 살 수 있듯이
말이야."

기관장 E가 잠시 눈을 감았다. 전쟁 같았던 기업 경영의 최전선에서
성공과 실패를 거듭했던 그 시절을 그리는 듯했다. 지우는 시 한 편이
생각났다. 아버지가 평소 애송하던 시였다. 아버지는 살다가 힘이 들
때면 이 시를 생각하라고 말씀하셨다.

창공에 솔개 한 마리 유유히 원을 그리면
온 마을 짐승들이 숨어들기 바빴지

솔개는 40년을 날아다니다 보면
서슬 푸른 발톱과 부리에 힘이 빠지고
깃털은 두꺼워져 날기조차 힘이 든다지

몸이 무거워진 솔개는 험한 산정으로 올라가
절벽 끝 바위를 쪼아 낡아진 부리를 깨고
밤마다 굶주린 창자로 홀로 울부짖는다지
새 부리가 돋아나면 그 부리로 발톱을 뽑아내고
두꺼워진 깃털마저 다 뽑아낸다지

그렇게 반년의 처절한 환골탈태 수행을 거치면
솔개는 다시 힘찬 날갯짓으로 창공을 떠올라
새로운 30년을 더 서슬 푸르게 살아간다지

모두가 잠든 한밤중
타악~ 타악~
절벽 끝에 제 부리를 깨는
솔개의 소리 없는 새벽울음

_ 박노해, 솔개는 제 부리를 깬다

처음 시를 읽던 날, 지우는 아버지로부터 독수리에 얽힌 흥미진진한
이야기를 들었다. 독수리는 일반적으로 70년을 산다고 한다. 그런데
70년이라는, 적지 않은 생을 살기 위해서는 40년이 되는 해에 목숨을
건 의식을 치러야 한다. 공중을 호령하던 독수리도 40년이 되면 부리
와 발톱이 더 이상 사냥을 할 수 없을 정도로 뭉툭해진다. 깃털도 무거
워져 하늘을 빠르게 가를 수 없다. 그래서 독수리는 40년이 되는 해에
아무도 없는 바위산 꼭대기로 날아가 그곳에서 새로운 삶을 준비한다.
우선 부리를 바위에 부딪쳐 새 부리가 나오게 한다. 그 날카로운 부리
로 뭉툭해진 발톱과 무거워진 깃털을 모두 뽑아낸다. 이처럼 새롭게 환
골탈태하기까지 약 6개월의 시간 동안 독수리는 주린 배를 움켜쥔 채
인고의 시간을 보내야 한다. 하지만 그 고통의 시간을 견딘 독수리는
남은 30여 년의 시간을 다시 창공의 왕으로 살 수 있게 된다. 물론 이
변화의 과정을 견디지 못한 독수리는 40년이 되는 해에 사냥에 실패하
게 되고, 결국 초라한 죽음을 맞이할 수밖에 없다.

기관장 E는 뭉툭해진 부리를 스스로 깨기 두려워했던 늙은 독수리
였는지도 모른다. 중요한 건 그가 결코 실패하지 않았다는 것이다. 비

119

록 늦었지만, 그는 자신의 실수를 잘 알고 있었다. 그 실수를 교훈 삼아 GUIDE호라는 '제2의 인생'을 새롭게 살 수 있었다. 이 모든 게 무딘 부리와 무거워진 깃털을 뽑을 수 있는 용기가 있었기에 가능했다.🌳

노키아,
위기에서 닻을 내리다

휴대전화의 대명사 노키아. 노키아는 오늘날 유럽 휴대전화 시장에서 부동의 1위를 고수하고 있는 핀란드의 세계적인 기업이다. 그러나 이런 노키아도 10년 전에 극심한 위기를 겪어야만 했다. 지난 130년 동안 노키아는 임업제품과 펄프, 종이 등을 생산해 온 평범한 기업이었다. 하지만 1980년대 접어들어 노키아는 텔레비전과 소형 컴퓨터를 생산하며 사업 다각화를 시도했다. 달라진 시대의 흐름에 맞춰 새로운 변화를 시도한 것이다. 그러나 결과는 실패로 끝나고 말았다. 급기야 1980년대 말에는 최고경영자가 스스로 목숨을 끊었고, 1991~1992년에는 2억 달러가 넘는 적자를 기록하며 절체절명의 위기를 맞이했다.

1992년 1월, 노키아는 '요르마 올릴라'라는 새로운 최고경영자를 맞아들였다. 올릴라는 취임하자마자 휴대전화 시장 진출을 선언했다. 당연히 회사 안팎의 반응은 냉소적이었다. 갚아야 할 부채가 산더미인데 새로운 분야에, 그것도 첨단기술이 요구되는 분야에 도전하는 건 무모한 짓이라고 비판 받았다. 시장 상황도 녹록지 않았다. 모토롤라 등 대형 통신업체들이 시장을 선점하고 있었다. 하지만 올릴라의 의지는 확고했다. 그는 노키아가 휴대전화를 제조한 적이 없다는 단점을 역발상의 기회로 삼았다. 해법은 아웃소싱이었다. 그는 모든 것을 아웃소싱하는 획기적인 전술을 구사했다. 회로 설계는 물론 생산, 판매까지 아웃소싱했다. 대신 노키아는 시장으로 나가 소비자가 무엇을 원하는지를 파악하는 데 최선의 노력을 기울였다. 그 결과 소비자들은 검정색 일색의 기존의 휴대전화에 싫증을 내고 있다는 것을 알게 되었고, 노키아는 세계 최초로 다양한 컬러의 휴대전화를 시장에 내놓았다. 결과는 대성공이었다. 이후 노키아는 우리가 알고 있는 세계적인 통신기업으로 자리 잡게 되었다.

8 전방 관측

직접 눈으로 확인하고 시야를 확보하라

"당신이 보고 듣는 것은
당신이 어느 자리에 서 있느냐에 따라 달라진다."

_ C S. 루이스

두려움은 사라지지 않는다, 익숙해질 뿐이다

망루에서 바라본 전경은 아름다웠다. 높은 곳에 자리한 망루는 3등 항해사 W의 차지였다. 바다에 대해서는 모르는 게 없는 GUIDE호의 선원들 중에서도 항해사 W는 50년 가까운 세월을 배에서 보낸 베테랑이었다. 항해사 W는 이 배의 전직 항해사였던 아버지와 영양사였던 어머니 사이에서 태어났다. 태어나서부터 지금까지 이 배를 떠나지 않은 흔치 않은 이력의 소유자이다. 사람들은 그를 가리켜 '미스터 버튼'이라고 불렀다. 그가 태어날 때 GUIDE호가 날짜변경선을 거꾸로 지나갔기에 F. 스콧 피츠제럴드의 『벤자민 버튼의 시간은 거꾸로 간다』에서 착안해 붙인 별명이다. 항해사 W에게 GUIDE호는 조국이자 가족이었다.

날씨가 좋은 날이면 W는 망루에 올라 해도와 레이더를 확인하며 배의 진로에 관한 정보를 캡틴 R에게 보고했다. 그가 망루에 오르는 이유는 또 있었다. 그는 망루에 오를 때마다 돌아가신 부모님이 생각난다고 했다. 그가 이 배를 떠나지 못하는 가장 큰 이유이리라. 안개가 짙게 끼거나 비바람이 몰아치는 날에도 W는 망루에 올랐다. 견시見示, 즉 레이더에 의존하지 않고 직접 눈으로 항로를 확인하기 위해서이다. GUIDE호가 항해를 시작하고 지금까지 단 한 번도 조난사고를 겪지 않은 이유는 바로 이 견시를 통해 시야를 확보했기 때문이다. 견시를 소홀히 할 경우 간혹 대형 사고가 발생한다. 1912년 4월 15일, 최악의 사고로 꼽히는 타이타닉S. S. Titanic호의 침몰처럼 말이다.

타이타닉 호는 당시 세계에서 가장 크고 화려한 여객선이었다. 무게 46,328톤, 길이 882.5피트≫268미터, 1912년 세계에서 가장 높은 빌딩보다 길었다. 높이 75피트≫22미터의 위용을 자랑했다. 1912년 4월10일, 타이타닉 호는 1,300여 명의 승객과 900명의 승무원을 태우고 사우샘프턴을 출발해 대서양을 항해했다. 문제의 4월 14일 밤 11시 39분. 망루의 선원들이 무언가를 발견했다. 빙산이었다. 하지만 이미 때는 늦었다. 11시 40분, 타이타닉 호는 빙산에 부딪쳤고, 배의 옆구리 철판을 통해 물이 들어오면서 두 동강이 나고 만다. 인류 역사상 가장 크고 화려하다는 배는 그렇게 깊은 심연으로 가라앉고 말았다. 총 2,206명의 탑승객 중 1,503명이 사망하고 703명이 구조된 역사상 최악의 사고는 바로 '부주의한 견시'에서 비롯되었다.

오늘은 지우에게 아주 특별한 날이다. 캡틴 R의 명령을 받고 항해사 W와 함께 망루에 오르는 날이다. 오늘 아침, 망루에 오르라는 캡틴 R의 지시에 지우는 아무런 주저함이 없었다. 캡틴 R이 아무 이유 없이 지시하지 않는다는 것을 지우는 잘 알고 있었다. 배에서 하루하루 시간이 지날수록 캡틴 R을 향한 지우의 믿음은 깊어지고 있었다. 지우는 자신에게 생겨나는 '작은 변화'를 기쁨으로 받아들였다. 그래서일까. 어제까지만 해도 까마득히 높은 곳에 자리한 망루가 무시무시해 보였지만, 오늘은 이상하게도 올라갈 수 있다는 자신감이 생겼다.

"지우, 이래 봬도 이게 아파트 10층 높이야. 저 높은 곳을 줄사다리에 의존해 올라가야 한다고. 괜찮겠어?"

"무섭지 않다면 거짓말이죠. 그래도 해볼게요."

"지우, 한 가지만 말하지. 두려움은 사라지지 않아, 익숙해질 뿐이야. 나 역시 30년이 넘게 망루를 오르내렸지만, 그때마다 무서워. 하지만 사다리에 발을 올려놓는 순간 이상하게도 마음이 차분해져. 익숙함의 힘이지. 자, 이제 올라가자고. 넌 할 수 있을 거야. 내가 뒤를 따를게. 그러니 걱정하지 마."

지우는 심호흡을 크게 내쉬고, 사다리를 붙잡았다. 줄로 연결된 사다리는 이리저리 흔들렸다. 줄을 잡은 손에 힘을 줄수록 그 떨림은 더욱 심해졌다. 지우는 다시 망루를 올려 보았다. 항해사 W가 지우의 어깨를 두드려주었다.

"사다리를 올라가려면 지상에서 걸을 때와는 다르게 걸어야 해. 보통 손과 발이 엇갈려서 앞으로 나오지. 하지만 흔들리는 사다리를 올라가려면 같은 손과 같은 발이 함께 움직여야 해. 그래야 몸의 흔들림이 적어지고 균형을 잡기가 쉬워져. 오른손이 올라가면 오른발, 왼손이 올라가면 왼발. 어때 쉽지?"

코미디 프로그램에서나 보던 걸음걸이를 해야 하다니. 지우는 피식 웃음이 났다. 지상에서는 우스꽝스러운 일이 50미터 높이의 줄사다리를 올라갈 때는 현명한 행위가 되는 게 재미있었다. 그 순간, 강한 바람이 얼굴을 훑고 지나갔다. 족히 초속 20미터는 되어 보이는 바람이었다. 13단계의 풍력계급 중 가장 높은 태풍Hurricane의 풍속이 초속 32.7미터 이상이니 만만찮은 바람이었다. 이 정도 바람이면 50미터 상공의 망루에서 좌우로 30~40센티미터 정도 흔들릴 것이다. 캡틴 R을 향한 믿음과 망루에 오를 수 있다는 자신감이 순식간에 사라지는 순간이었다. 지우의 머릿속에는 망루에 올라가야 할 이유보다 올라가지 않아도 되는 이유가 스멀스멀 생겨나고 있었다. 두려움이라는 녀석은 스스로 몸집을 키우는 법. 바람은 더욱 거세졌다. 지우는 자신의 보고를 기다리고 있을 캡틴 R을 떠올렸다. 그를 실망시키고 싶지 않았다. 지우는 후들거리는 오른발을 사다리에 올렸다.

허둥대지 말고,
한 번에 한 걸음씩

한 발 한 발… 한참을 오른 것 같아 지우는 아래를 내려 보았다. 아뿔싸! 이제 겨우 지상에서 5미터 정도 올라왔을 뿐이다. 아래에서 올라오던 항해사 W가 다시 입을 열었다.

"지우, 아래를 보면 안 돼. 망루를 보아서도 안 되고. 그냥 한 발 한 발 내딛는 것만 신경 써. 중간에 쉬는 건 더 위험해. 한번 몸이 떨리면 걷잡을 수 없거든. 오른발, 위발, 그리고 오른발… 사다리를 붙잡은 손에 뭔가가 걸릴 때까지 계속 가. 그럼 망루에 도착할 거야. 계속 가!"

망루에 오르는 방법은 오직 하나, 계속해서 한 발 한 발 내딛는 것뿐이었다. 얼마쯤 올라왔는지 궁금해 망루를 올려다보면 아직 남은 높이가 까마득하다는 사실에 포기하게 된다. 가야 할 길이 멀다고 느끼게 되면 목표로부터 자유로워져야 한다. 그저 눈앞의 돌부리를 신경 쓰며

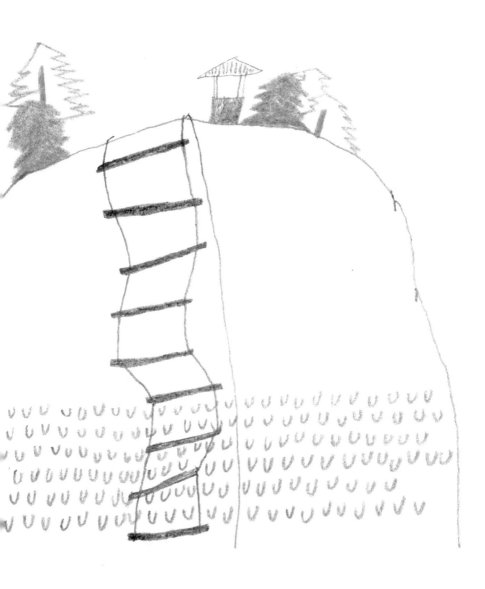

한 발 한 발 내딛어야 한다. 먼 길을 갈 때에는 여유를 갖고 작은 걸음에 신경 쓰는 것이 현명하다는 것을 항해사 W는 일깨워주고 있었다.

그래, 한 발씩 내딛자. 오른발, 왼발, 오른발, 왼발…, 지우는 다시 마음을 가다듬고 마음속으로 오른발, 왼발을 되뇌었다. 그렇게 사다리를 오르자 지우를 사로잡던 두려움은 거짓말처럼 사라졌다. 얼마쯤 올랐을까. 사다리의 다음 난간을 잡으려는 지우의 손에 딱딱한 무언가가 부딪쳤다. 망루의 바닥이었다. 망루에 올라선 지우는 아래를 내려다보았다. 맙소사! 내가 지금 여기를 올라온 거야? 항해사 W가 지우의 뒤를 따라 망루에 막 오르고 있었다.

지우는 눈을 돌려 저 멀리 수평선을 굽어보았다. 눈부신 햇살 아래 바다가 반짝이고 있었다. 매일 보는 바다였지만, 망루에서 보는 바다는 확실히 달랐다. 가슴이 확 트이는 느낌. 항해사 W가 함박미소를 지으며 지우에게 악수를 청했다.

"축하하네. 첫 도전에 망루까지 올라온 건 자네가 두 번째야. 그 농안 많은 사람들이 망루에 오르다가 중도에 포기했거든. 중간에서 망루를 올려다보고, 아직 올라가야 할 사다리가 많다는 사실에 절망하고 포기하고 말았지. 지금까지 오른 만큼만 더 가면 이 끝내주는 풍광을 볼 수 있는데 말이야."

"저 말고 성공한 사람은 누구였나요?"

130

"내 죽마고우였지. 스프레더〉돛을 걸기 위해 주 돛대에 가로로 걸쳐진 나무 가로막를 살펴보게나. 그 친구의 이름이 새겨져 있을 테니."

그의 말대로 둥근 원형의 망루대 옆 스프레더에 칼로 새겨진 이름이 있었다. O-p-h-r-a W-i-n-f-r-e-y. 가만, 이게 누구야? 오프라 윈프리? 〈오프라 쇼〉를 진행하는 그 세기의 여인? 그녀가 이 망루에 올라왔다고? 지우는 오프라 윈프리의 이름을 손으로 조심스럽게 쓰다듬었다. 망원경으로 사방을 살피던 항해사 W가 다시 입을 열었다.

"아주 어렸을 때였지. GUIDE호가 미시시피 강가에 잠시 정박할 때였어. 비가 추적추적 내리는 날이었지. 그때 어린 오프라 윈프리를 만났다네. 자네도 알다시피 사촌오빠에게 성폭행을 당하는 등 그녀의 유년 시절은 행복하지 않았지. 배에서 미시시피 강을 보고 있는데 한 소녀가 강가에 서서 배를 바라보고 있더군. 그러더니 배 위에 있는 나를 향해 '그 배를 타고 세계 곳곳을 다니는 네가 부러워. 난 이 작은 시골 마을이 답답해'라고 말하는 거야. 하고 싶은 게 많은데 어떻게 해야 할지 모르겠다는 표정이었지. 동전은 없고, 구겨진 지폐만 들고 자판기 앞에 서 있는 기분이라던 그녀의 음성이 지금도 생생해. 소녀의 눈이 어찌나 슬퍼 보이던지, 나도 모르게 배로 올라오라고 얘기해버렸어. 나와 비슷한 또래여서 그랬는지 모르지. 암튼 난 그녀를 도와주고 싶었어. 나 역시 어머니가 돌아가시고 얼마 지나지 않아서 친구가 필요했거든. 그녀의 손을 잡고 배의 이곳저곳을 구경시켜주었지. 그런데 그녀가 높이 솟은 망루에 올라가고 싶다는 거야. 당연히 말렸지.

131

어른도 위험한데, 작은 소녀가 어떻게 올라가겠어. 그런데 그녀는 막무가내였어. 어떻게 올라갈 수 있는지 알려달라고 사정을 했지."

"오른발, 왼발… 한 발 한 발 내딛으라고 말해주었겠네요."

"맞아. 한 발 한 발 내딛으면 망루에 도달할 수 있다고 얘기했지. 잠시 후, 놀라운 일이 벌어졌어. 내 얘기가 끝나자마자 어린 오프라 윈프리가 한 발 한 발 올라가더니 망루 끝에 오른 거야. 혹시나 하는 마음에 그녀를 뒤따라가던 나도 함께 말이야. 사실 그날이 내가 처음으로 망루에 오른 날이었거든. 이론으로만 알고 있었고, 단 한 번도 시도하지 않는데 그녀의 용기가 나를 망루로 이끈 거지. 우리는 망루에서 하늘을 벌겋게 물들이는 낙조를 바라보았어. 석양을 보며 오프라는 약속했지. '이 망루를 기억할게. 한 발 한 발 쉬지 않고 걸어갈게. 너 때문에 대답을 찾은 기분이야' 라고. 그녀는 약속을 지키겠다는 의미로 자기 이름을 새겼어. 어느덧 40년 전의 이야기가 되었네. 자, 이건 30년 전에 그녀가 내게 보낸 편지일세."

W가 곱게 접힌 편지지를 건넸다. 오프라 윈프리가 스물두 살 때 W에게 보낸 편지였다.

❧

사랑하는 버튼. 잘 지내지?

좀 더 큰 볼티모어의 WJZ-TV 방송국으로 옮긴 지 몇 개월이 지났어.

'저녁 6시 뉴스'를 맡고 있는데 오늘 프로듀서에게 된통 혼이 났어.

너무 감정적으로 뉴스를 전달한다고 야단을 치더라고.

화재로 아이를 잃은 부모에 관한 뉴스였는데

마음이 울컥해서 그만 울어버렸거든. 눈물이 나는 걸 어떡하란 말이야!

이전 직장이었던 내슈빌에서는 나의 다정한 태도를 좋아했는데

이곳은 외모도 세련되게 바꾸라고 하고…

정신이 하나도 없어.

이들이 시키는 대로 말투와 스타일을 바꿔야 하는 걸까?

지금까지 한 번도 방송과 내가 맞지 않다는 생각을 해본 적이 없는데…

오늘은 완전 자신감 상실이야.

버튼, 어떻게 하면 좋을까?

자신감 상실? 항상 당당하고 유쾌해 보이는 오프라 윈프리와는 전혀 어울리지 않는 표현이다. 하지만 당시의 윈프리는 슬럼프에 빠져 있었던 게 분명했다. 힘겹게 자신이 하고 싶은 방송을 시작했는데, 칭찬은커녕 질책과 꾸중을 듣는 자신이 한심했을 것이다. *이 길이 내 길이 맞을까,* 라는 의구심이 하루에도 몇 번씩 그녀의 머릿속을 맴돌았을 것이다.

"항해를 하며 그녀가 보고 싶을 때마다 이 망루를 올랐다네. 그날, 함께 망루에 오르던 날 그녀의 다짐은 사실 내 다짐이었거든. 그날 이후 난 어머니를 잃은 슬픔에서 헤어날 수 있었으니까. 너도 이 배에 타기 전 절망감에 빠졌었지? 그래서 이 배에 탄 거지?"

지우는 말없이 고개를 끄덕였다. 그리고 자신의 직장 생활을 돌이켜 보았다. 직장 상사나 동료들과의 관계나 업무 처리 능력은 나쁘지 않았지만, 지우에게도 절망스러운 경험이 적지 않았다. 특히 직속상사인 강이사와 업무 스타일이 달라 유난히 마찰이 잦았다. 강 이사는 결과보다 과정을 중요하게 생각하며 업무를 처리하는 스타일이었다. 그는 업무 성과가 아무리 좋아도 자신에게 중간보고를 하지 않는 부하직원을 좋아하지 않았다. 그러나 지우는 달랐다. 지우는 형식적인 보고서를 작성하는 대신 그 시간에 결과물의 완성도를 높이는 것이 더 중요하다고 생각했다. 이로 인해 강 이사의 중간보고 요청을 받을 때마다 지우는 귀찮아했고, 그만큼 강 이사와의 관계는 멀어져갔다. 설상가상으로 작년 인사고과 때, 회사 임원을 아버지로 둔 기획조정실의 1년 후배가 자신을 제치고 팀장으로 승진하면서 지우의 절망감은 극에 달했다. 주말과 공휴일을 반납하면서 회사에 모든 것을 바쳤는데, 회사는 자신의 노력과 헌신을 공정하게 평가하지 않았다는 생각이 가득했다. 지우의 상실감과 분노가 커갈수록 좋아했던 일에 대한 의욕과 열정은 식어갔다. 그 불똥은 엉뚱하게도 가족으로 튀었다. 지우는 고향 어촌에서 평범한 어부로 살아가는 아버지를 무능력하다고 여겼다. 아버지가 후배의 아버지처럼 회사 임원이었다면, 아니 그보다 더 잘 나가는 사람이었다면 이런 일은 생기지 않았을 것 같았다. 자신과 회사, 세상을 향한 불만은 날로 커졌지만, 누구도 지우를 이해하고 위로해주는 사람은 없었다. 젊은 시절, 오프라 윈프리도 같은 심정이었는지 모른다.

지혜로운 항해사 W는 그녀에게 어떤 답장을 보냈을까?

"답장을 보내셨어요?"

"물론이지. 오른발, 왼발… 망루를 쳐다보지 말고 발을 올려놓은 사다리에만 집중하라고 했지. 사다리를 오를 때 제일 겁이 나는 순간은 바로 사다리에 첫 발을 올려놓을 때거든. 그 첫 걸음을 극복하면 두 번째부터는 쉬워지지. *세상 모든 문제는 첫 난간에서 다음 난간으로 발걸음을 올려놓느냐에 달려 있어.* 코카콜라는 발매 첫 해에 고작 400병만 팔렸다네. 맥도날드도 5개의 체인점으로 사업을 시작했지. 만약 첫 해의 실적에 실망해서 코카콜라나 맥도날드가 사업을 접었다면? 성공한 사람들과 기업들은 모두 첫 걸음을 포기하지 않았다는 공통점이 있다네. 내가 오프라 윈프리에게 해준 얘기는 이것밖에 없어. 이제 겨우 첫 발을 떼었는데, 다음 발걸음을 내딛는 걸 두려워하지 말라고. 한 발 한 발 조금씩 포기하지 말고 전진하라고. 그럼 분명 망루에 도달할 수 있을 거라고."

세상을 살다보면 알게 된다. 인간인 우리가 할 수 있는 게 그리 많지 않다는 것을. 그렇기에 우리는 하루하루 최선을 다하는 건지도 모른다. 항해사 W가 높은 망루를 매일 오를 수 있었던 것은 아직 다가오지 않은 미래를 두려워하지 않았기 때문이었다. 망루에 오를 때마다 그는 이 사실을 차근차근 배워나갔던 것이다. 어느덧 해가 뉘엿뉘엿 수평선 아래로 넘어가고 있었다.

지금 당신을 절망케 하는 것을 적어보자.

그럼에도 불구하고 나는 최선을 다할 것이다!

9 낚시

자신의 삶을 살아라

"풋볼과 비교할 때 낚시는 인격을 만들어준다.
물고기한테 저도 심판 탓을 하지 않는다."

_ 폴 퀸네트

물고기가 있는 곳으로 가라, 그리고 기다려라

자그마한 고무보트에 몸을 싣고 GUIDE호에서 출발한 지도 어느덧 두 시간이 지났다. 보트에는 낚싯대와 미끼로 쓰일 정어리가 가득 실려 있다. 바다는 보석을 흩뿌린 듯 눈부시게 반짝이고 있다. 바람이 불어 수면이 일렁거릴 때마다 햇살은 찬란하게 부서져 두 눈을 파고들었다. 그러나 지우의 얼굴은 뭔가 만족스럽지 못한 듯 뾰로통해 있다.

"벌써 두 시간이나 지났는데 한 마리도 안 잡히네요. 이제 그만 돌아가요."

지우에게 보트 위에서 보낸 두 시간은 괴로움 그 자체였다. 헤밍웨이의 『노인과 바다』의 주인공 센티아고는 5.5미터의 청새치를 잡기 위해 무려 84일을 바다에서 버텼다지만, 그건 어디까지나 소설 속 이야기일 뿐. 두 시간 가까이 찌가 움직이기만을 기다리자니 속이 메슥거려 왔다. GUIDE호에서 평온하게 바라보았던 파도도 작은 보트에서는 위

협적으로 다가왔다. 순간 쉐프 C의 성난 얼굴이 떠올랐다. 빈손으로 돌아간다면 깐깐한 쉐프 C의 잔소리를 결코 피할 수 없으리라는 생각이 머리를 스쳤다. 지우의 마음은 급해져만 갔다. 노를 젓던 보급관 K가 입을 열었다.

"껄껄껄, 자네 기다리는 법을 좀 배워야겠군. 자, 이제 바다를 만끽했으니 대어를 한번 낚아볼까? 리틀, 네가 좀 도와주겠니?"

보급관 K의 말이 끝나기 무섭게 그의 어깨 위에 앉아 있던 '리틀'이 날아올랐다. 리틀은 항상 보급관 K의 곁을 떠나지 않는, 몸통이 희고, 날개와 등이 잿빛인 괭이갈매기다. 보급관 K와 리틀과의 만남은 4년 전으로 거슬러 올라간다. GUIDE호가 오호츠크 해의 어느 기항지에 도착했을 때, 보급관 K는 어미를 잃고 날개마저 부러진 새끼 갈매기 한 마리를 발견했다. 그는 가엾은 마음에 갈매기를 배에 데리고 와 극진히 보살펴주었다. 그런데 이 녀석이 상처가 아물고, 다 자란 후에도 배를 떠날 줄 모르는 것이다. 결국 보급관 K는 녀석에게 '리틀'이라는 이름을 붙여주고 지금까지 늘 함께 지내오고 있다.

"괭이갈매기는 매년 8월 말이 되면 새끼와 함께 번식지를 떠나 바다에서 지낸다네. 녀석들의 울음소리는 마치 고양이 같지. 우리 같은 뱃사람에게 이 녀석들은 참으로 유용한 친구라네. 물고기 떼 근처에 모이는 습성이 있어서 어장을 안내해주거든. 그러니 당연히 사랑받을 수밖에. 리틀이 저쪽으로 날아갔으니 저쪽에 고기 떼가 모여 있을 거야."

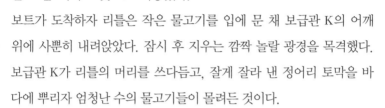

리틀은 보트에서 약 300미터 남짓 떨어진 해수면 위를 빙 빙 돌고 있었다. 보급관 K와 지우는 노를 저어 그곳으로 이동했다. 보트가 도착하자 리틀은 작은 물고기를 입에 문 채 보급관 K의 어깨 위에 사뿐히 내려앉았다. 잠시 후 지우는 깜짝 놀랄 광경을 목격했다. 보급관 K가 리틀의 머리를 쓰다듬고, 잘게 잘라 낸 정어리 토막을 바다에 뿌리자 엄청난 수의 물고기들이 몰려든 것이다.

"자, 지금이야. 낚싯대를 던지게."

지우는 보급관 K의 말이 떨어지기 무섭게 미끼를 끼운 낚싯대를 바다에 드리우고 단단히 움켜잡았다. 아니나 다를까. 이내 어른 팔뚝만한 고기들이 줄줄이 올라왔다.

"배에서 오래 살았기 때문일까. 난 낚시를 참 좋아한다네. 낚시는 인간에게 여러 가지 가르침을 안겨주지. 우선 반드시 물고기가 모여 있는 곳에 가야 하지. 물고기가 잡힐 때까지 조용히 기다리는 법도 배워야 한다네. 낚시에 집중하지 않은 낚시꾼에게 월척이라는 행운은 찾아오지 않거든. 하지만 내가 낚시를 좋아하는 가장 큰 이유는 바로 '일체감'을 가져다주기 때문이라네. 낚시를 즐기는 동안 찾아오는 나와 자연이 한몸이 된 듯한 일체감, 누군가와 동행한다면 그 사람과 같은 장소에서 같은 경험을 한다는 일체감은 어디에서도 얻을 수 없을 거야. 명심하게. 낚시를 통해 얻는 건 물고기가 아니라는 사실을. *낚시는 자연을, 사람을 얻는 거야.* 바로 소울 메이트Soul Mate 말일세."

보급관 K가 물고기의 주둥이에서 낚싯바늘을 빼내며 말했다. 완벽한 일체감? 그래서였을까? 아버지는 주말마다 지우와 함께 낚시를 가길 원하셨다. 지우가 군대에서 전역하던 날도 아버지는 밤낚시를 준비해 놓으셨다. 물안개가 스멀스멀 피어오르던 새벽녘, 작은 보트에는 아버지와 지우뿐이었다. 낚싯대를 드리우며 아버지와 지우는 적당히 구부러진 노란 양은냄비 앞에 둘러앉아 라면을 맛있게 먹었다. 적어도 그 순간만큼은 아버지와 함께 있는 시간이 어색하지 않았다. 그날의 라면이 두 사람의 허기는 물론 어색했던 부자 사이를 채워주었음을 지우는 잘 알고 있다. 비록 식사를 마치고 뜨거운 커피를 마실 때에도, 집으로 돌아오는 차 안에서도 별다른 대화는 오가지 않았지만 그날 지우는 말로 형용할 수 없는 뜨거운 기운이 가슴 속에 차올랐던 걸 잊을 수 없다. 그건 바로 부자간의 정情이었다. 그날처럼 지금 보트에는 보급관 K와 지우만 남아 있다.

"이 정도면 충분해. 쉐프도 좋아할 거야. 이거 힘깨나 썼더니 출출한 걸. 우리 라면 한 그릇 할까?"

보급관 K가 지우를 보며 싱긋 미소를 지었다.

타인의 시선으로 자신을 보아라

"어때, 참 아름답지?"

커피 한 잔을 기울이던 보급관 K가 손으로 어딘가를 가리켰다. 그곳에는 눈부시게 하얀 범선 한 척이 떠 있었다. GUIDE호였다. 그의 말처럼 한 폭의 그림을 보는 듯 아름다웠다.

"자네 아까 보니 내가 잡은 고기를 지꾸 쳐다보더군. 내 물고기가 그렇게 커 보이던가?"

"어, 아셨어요? 똑같은 장소에서, 똑같은 낚싯대로, 무엇보다 많은 물고기 떼를 상대로 낚시를 했는데 저보다 훨씬 빨리, 많이 잡았으니까요. 그것도 큰 녀석들로만."

"하하, 남의 떡이 더 커 보인다는 거지? 당연한 거 아냐? 내가 배에서 보낸 시간이 얼마인데…."

남의 떡이라… 지우는 순간 뜨끔했다. 보급관 K와 함께 웃으며 아닌
척했지만 자신의 생각을 들킨 것 같았다. 평소 지우는 남의 떡을 부러
워하는 사람들을 이해할 수 없다며 자신만만해했다. 하지만 속을 들여
다보면 그렇지 않았다. 지우는 늘 '비교 스트레스'에 시달렸다. 자신을
제치고 승진한 후배를 향해 아버지가 회사 임원인 덕분이라며 과소평
가했지만, 속으로는 그 녀석이 부러워 견딜 수 없었다. 그 부러움의 크
기만큼 초라해져버린 자신을 보는 게 몹시 속상했다.

"남의 떡이 더 커 보이는 사람들에겐 공통점이 있다네. 그들은 자
신의 본래 모습을 볼 줄 모르지, 자신이 얼마나 강하고 아름다
운 사람인지 알지 못한 채 그저 불평만 늘어놓는다네. 마틴 셀리
그먼Marting Seligman 박사도 그러지 않았나. 패배자들의 사고방식은
3P로 정리된다고 말이야."

패배자들의 상황 표현법 ; 3P

1 Personalization

개인화: 내가 하는 게 늘 그렇지.

2 Pervasiveness

확산: 매일 모든 일이 이런 식으로 되풀이되지.

3 Permanence

영속화: 앞으로도 난 계속 이렇게 살아갈 거야.

"어때, 남 얘기 같지만은 않지? '3P의 함정'에서 벗어나지 못하면 늘 같은 삶을 살 수밖에 없을 거야. 남의 떡을 보고 군침만 흘리며 살 순 없잖아. 저기 GUIDE호를 보게나. 우리가 배에 타고 있었을 때에는 저렇게 아름다운 배인지 알 수 없었을 거야. 나도 그랬거든. 낚시를 하기 위해 보트에서 GUIDE호를 바라본 순간 얼마나 감사했는지 모른다네. 3P의 함정에서 벗어난 거지. 인생도 마찬가지야. 3P의 함정에서 벗어날 때 비로소 자신이 가진 참된 가치를 발견할 수 있다네. 지우, GUIDE호에 있는 동안 자네의 본래 모습을 곰곰이 생각해 보게나. 다른 사람의 시선으로, 아주 진지하게…."

패배자들의 상황 표현법이라…. 셀리그먼 박사가 정의했다는 세 가지 공식은 마치 GUIDE호에 타기 전 지우를 얘기하는 것 같았다. 살아가면서 일이 풀리지 않을 때마다 지우는 '내가 하는 게 다 그렇지'라며 자포자기에 빠지곤 했다. 문제는 그러한 부정적인 생각이 자신도 모르는 사이에 삶 전체로 확대되어 간다는 것이다. 지우는 깨달았다. **무언가를 성취하려면 자신을 긍정적으로 바라보아야 한다**는 것을, 부정적인 자기 암시에서 벗어나야 한다는 것을 말이다.

"믿기지 않겠지만 나도 한때는 패배주의자였다네. 그것도 아주 지독한…."

"이탈리아에서 가장 유명한 오페라 배우셨던 아저씨가요?"

151

"자네도 알고 있었구먼. 이래 봬도 제법 노래를 부르고 춤도 잘 췄다네. 인기도 상당했지. 사람들은 나를 천재라고 불렀지만, 사실 난 타고난 재능이 부족해서 남들보다 엄청난 노력을 기울여 정상에 오를 수 있었다네. 그런데 어느 날, 우리 극단에 신인 연기자 한 명이 들어왔어. 아주 명물이었지. 그가 노래를 부르면 시간이 멈추는 것 같았어. 춤 실력은 또 어떻고. 급기야 그가 나를 제치고 우리 극단, 아니 이탈리아 최고의 스타가 되었다네. 그의 성공은 곧 나의 실패를 의미했지. 난 견딜 수 없었어. 분하고 억울했지. 그를 이기려고 갖은 노력을 기울였지만, 결국 그를 넘지 못했어. 모차르트를 바라보는 살리에르였다고 할까. 결국 난 극단을 나와 로마의 뒷골목을 배회하며 살았다네. 매일 술에 의지한 채로 말이야. 그러던 어느 날이었어. 그날도 난 술에 취해 지저분한 골목길을 돌아다녔지. 그런데 누가 다가와 내 등을 부드럽게 두드려주는 거야. 캡틴 R이었지. 나를 바라보던 그 눈빛을 잊을 수 없어. 마치 모든 걸 다 알고 있다는 듯한 평온한 눈빛. 그날 캡틴 R이 뭐라고 했는지 아나?"

뜻밖의 이야기에 지우는 아무 말도 못한 채 두 눈만 껌벅거렸다.

"자신의 삶을 살라고, 자신을 정확하게 알라고, 온전하게 나 자신이 되라고 했다네. 그게 바로 패배의식으로부터 벗어나는 첫 번째 조건이라고 했어. 그의 마지막 말이 나를 GUIDE호로 인도했다고 해도 지나치지 않아. 자신의 삶을 사시오, 그렇지 않으면 다른 사람이 대신 당신의 삶을 살게 될 것이오."

자신의 삶을 살아야 한다. 그렇다. 세상에서 나를 가장 잘 아는 건 바로 자신이다. 하지만 우리 중에서 자신의 참 모습을 제대로 알고 있는 이가 몇이나 될까? 지우는 머릿속이 복잡해졌다. 내가 알고 있는 내 모습이 진짜일까? 다른 사람들이 알고 있는 내가 진짜 나일까? 그들에게 내가 전혀 다른 모습으로 비추어지고 있는 건 아닐까? 내가 알지 못하는 다른 모습이 내 속의 어딘가에 숨어 있지는 않을까?

순간 지우는 GUIDE호에 승선했던 찰스 핸디 박사의 부인에 얽힌 재미있는 이야기가 생각났다. 전 세계 직장인들에게 '포트폴리오 인생', 즉 '자기경영'이라는 삶의 새로운 콘셉트를 제시한 찰스 핸디 박사의 부인이 사진작가라는 사실을 아는 이는 그리 많지 않다. 그녀는 고객으로 하여금 자신의 사진을 직접 선택하게 한 걸로 유명하다. 사무실에서 일하는 모습, 자녀들과 운동장에서 뛰노는 모습, 교회에서 찬송가를 부르는 모습 등 한 사람을 다양한 앵글로 촬영하고 그 사람에게 직접 고르게 하는 것이다. 흥미로운 건 사진 속 주인공과 그 사람의 가족 혹은 친구들이 고른 사진이 모두 다르다는 것이었다. 자신이 생각하는 나와 주변에서 알고 있는 내 모습이 얼마나 다른지를 잘 보여주는 에피소드가 아닐 수 없다. 나만의 삶을 일구며 살아간다는 것이 얼마나 힘든 일인지 소리 없이 말해주는 것이다.

이제 GUIDE호로 복귀해야 할 시간. 지우는 자신이 어떤 사람이었는지 일깨워준 보급관 K가 너무나 고마웠다. 잘 나가던 오페라 배우, 하지만 경쟁자에게 고배를 마신 후 삶의 의미를 상실한 보급관 K와 직장에서 열심히 일했지만 승진의 문턱에서 미끄러진 자신이 한 배에 타고 있다는 사실이 마치 운명처럼 느껴졌다. 보급관 K는 '내가 진짜 어떤 사람인지 아는 법'이라는 '조하리의 창^{Johari's Window}'이라는 흥미로운 이야기로 오늘 하루를 마무리했다.

조하리의 창
Johari's Window

조셉 루프트Joshep Luft & 해리 잉함Harry Ingham

	자신이 안다	자신이 모른다
다른사람이 안다	열린 창 OPEN	보이지 않는 창 BLIND
다른사람이 모른다	숨겨진 창 HIDDEN	암흑의 창 UNKNOWN

'조하리의 창' 이론은 내가 알고 있는 내 모습이 전부가 아니라는 것을 우리에게 말해준다. 내가 미처 알지 못하는 모습이 다른 사람에게 보일 수 있고, 다른 사람은 물론 나조차 모르는 내가 숨어 있을 가능성이 크다는 것이다. 살다보면 상황과 환경에 따라 내가 알지 못했던 모습이 나타날 때가 있다. 그렇기에 우리는 내가 어떤 사람인가를 정확하게 알기 위해 다양한 방법과 시각을 동원해야 한다.

"지우, 다른 사람이 나를 어떻게 바라보는지 궁금하지 않나? 가족이나 친구, 사랑하는 연인에게 한번 물어보게. 그들에게 내가 어떻게 비치는지. 그리고 자신에게 질문을 던져보는 거야. 그러다 보면 자네가 알지 못했던 *보석 같은 나*를 발견하게 될 걸세. 그 다른 모습을 받아들이는 거야. 지금까지 알지 못했던 진짜 나를 만나는 거지. 어이쿠, 벌써 시간이 이렇게 됐네. 늦었다간 까칠한 쉐프가 우리를 잡아서 저녁을 만들려고 하겠지?"

1: 나를 잘 아는 가까운 사람에게
'나 ○○○는 어떤 사람' 인지
적게 하자.

_____

_____

_____

_____

_____

2: 다른 사람은 알지 못하는 내 모습을
적어보자.

_____

_____

_____

_____

_____

1 + 2 = 진짜 '나'

문제 제기

깨진 유리창을 방치하지 마라

"모든 사람이 똑같은 생각을 하는 곳에서는
아무도 중요한 생각을 하지 못한다."

_ 월터 리프먼

본질을 파악하면 문제는 해결된다

J는 GUIDE호의 서기로 일하고 있다. 서기관 J는 늘 분주하게 돌아다니곤 했다. 그건 당연한 일이었다. 배에서 일어나는 모든 일을 기록하는 게 그의 임무이기 때문이다. 서기관 J는 GUIDE호의 사람들 중 유일하게 지우보다 나이가 어렸다. 그래서인지 처음부터 지우는 J가 친근하게 다가왔다. 하지만 J를 만나는 건 쉽지 않았다. 갑판에 있다 싶으면, 어느새 주방에 가 있고, 그러다가 화장실에서 마주치는 일이 반복되었다. 그런 J였기에 오늘 하루 동안 그와 함께 지내라는 캡틴 R의 지시가 유난히 반가웠다. 캡틴 R은 J가 어떻게 문제를 만들어내는지 잘 지켜보라고 말했다.

"선배, 제 별명이 뭔지 아세요? '문제아' 랍니다. 큭큭. GUIDE호의 이곳저곳을 돌아다니며 문제가 되는 게 없나 기록하는 게 제 일이거든요. 참, 선원들의 얘기도 귀담아 들어야 해요. 아무래도 캡틴에게 직접 얘기하기 껄끄러운 게 있을 테니까요. 그렇게 제가 보고 들은 모든 걸 기록하고 매일 밤 캡틴 R에게 보고하는 게 제 일이랍니다."

다른 사람들이 문제가 아니라고 여기는 사소한 것들을 끊임없이 의심하기. 서기관 J는 자신이 하는 일을 이렇게 한마디로 정의했다. 지우는 마치 회사에서의 자신을 보는 듯했다. 언젠가 회사 선배가 지우에게 저녁식사를 청했다. 평소 친하게 지냈던 선배였기에 지우는 즐거운 마음으로 식사 자리에 나갔다. 하지만 그날 지우는 큰 충격을 받았다. 선배는 회사 사람들이 지우를 '투덜이'라고 부른다며 조심하라고 신신당부했다. 평소 업무를 진행하며 문제 제기를 했을 뿐인데…. 그런 자신을 사람들은 불평만 늘어놓는 사람으로 바라보고 있었던 것이다. 그날 이후 지우는 소극적으로 바뀌고 말았다. 자신을 마뜩치 않게 바라보는 시선이 못내 두려웠다. 회의에서 의견을 내놓는 것조차 주저했다. 그런데 GUIDE호는 J라는 이 젊은 친구에게 문제점을 찾을 것을 맡기고 있었다. 그것도 공개적으로.

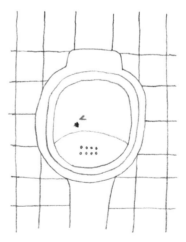

"얼마 전 청소를 담당하는 B와 P가 불만을 잔뜩 늘어놓는 거예요. 화장실을 아무리 치워도 금세 지저분해진다고, 특히 소변기 주위가 너무 지저분하다고 말이에요. 우리는 함께 머리를 맞댔어요. 그러다 문득 네덜란드

공항에서 소변기에 파리를 그려놓았던 게 생각났어요. 일을 볼 때 파리를 조준하는 남자들의 심리를 이용하면 되겠다 싶었죠. 결과는, 당연히 대성공이었죠.”

J는 문제를 해결하려면 다양한 시행착오를 거쳐야 한다고 말했다. 어떤 문제든, 그것이 크던지 작던지 곧바로 해결되는 경우는 없다는 것이었다. GUIDE호에서 선원들의 사소한 의견을 경청하면서 세상에 쓸모없는 생각은 없다는 믿음을 갖게 되었다고 덧붙였다.

“생각은 많으면 많을수록 좋은 것 같아요. 문제를 해결하다보면 말도 안 되는 아이디어에서 답이 나올 때가 많아요. 퀴리 부인에게 노벨상의 영광을 안겨준 ‘라듐’이나, 3M의 대표상품이 된 리처드 스루의 스카치테이프도 처음부터 환영받은 건 아니었잖아요. 굿이어가 실수로 경화고무를 발명하지 않았다면 지금 우리는 전혀 다른 타이어를 사용하고 있을지도 모르죠. 다양한 생각들, 터무니없다고 여겨지는 아이디어들이 모여 창조적인 작품을 만드는 것 같아요.”

이 녀석, 제법 기특한 걸. 지우는 자신보다 어리지만 문제를 해결하려면 다양한 관점으로 그 문제를 고민해야 한다고 강조하는 J가 어른스럽게 느껴졌다. 다양한 의견을 소중히 여기는 GUIDE호의 운영 방식과 이러한 조직 문화를 가능케 한 캡틴 R의 리더십도 다시 보게 되었다. J가 열린 마음으로 사람들의 의견을 경청할 수 있는 것도, 그 속에서 문제의 해답을 찾을 수 있는 것도 캡틴 R의 리더십이 있었기에 가능했다. 캡틴 R은 GUIDE호의 큰 그림을 그리면서도 가장 직급이 낮고, 나이 어린 J가 찾아낸 문제점을 기꺼이 수용하고 있었다. 그는 문제의 본질을 아는 지도자였다. *문제의 본질을 알게 된 순간, 문제의 해답이 보인다*는 평범한 진리를 소리 없이 실천하고 있었다.

"처음 이 일을 맡기던 날, 캡틴 R이 질문을 던졌어요. 너는 아파트 관리인이다, 그런데 주민들이 매일같이 엘리베이터 속도가 늦다고 민원을 제기한다, 엘리베이터를 교체하면 좋겠지만 예산이 넉넉하지 않다, 그럼 어떻게 할 거냐고 말이에요. 선배라면 어떻게 하시겠어요?"

"글쎄… 엘리베이터를 교체하지 않고서 문제를 해결해야 하다니. 어려운 걸."

"캡틴 R이 그러더군요. 주민들이 불만을 가지는 이유를 생각해 보자고, 불만의 원인을 정확히 파악하면 해답은 쉽게 나온다고요. 주민들이 엘리베이터 속도가 늦다고 불평하는 건 그 속에 있는 시간이 지루하다는 거잖아요. 그렇다면 그 시간을 지루하지 않게 하면 어떨까요? 캡틴 R은 엘리베이터 안에 거울만 붙여 놓아도 불만이 사라진다고 했어요. 엘리베이터에서 거울을 보며 매무새만 다듬어도 시간이 금세 간다는 거죠."

"오호라. 그래서 엘리베이터마다 거울을 붙여 놓은 거구나. 내 친구의 회사 얘기도 한번 들어볼래? 친구의 회사는 한 가지 골칫거

리를 안고 있었어. 언제부턴가 고객들이 전화 대기 시간이 너무 길다고 항의를 해오는 거야. 회사는 고민에 빠졌어. 그렇다고 고객의 전화를 응대하는 직원들을 잔뜩 뽑을 수는 없으니까. 그런데 해답은 간단했어. 한 직원이 전화 신호음 사이의 간격을 늘리자는 아이디어를 낸 거야. 아니나 다를까. 전화 신호음이 절반으로 줄어들자 고객들의 불평이 감쪽같이 사라졌어. 전화를 받기까지 걸린 시간은 아무런 변화가 없었는데 말이야."

지우는 캡틴 R이 서기관 J와 함께 일을 하라고 지시한 이유를 알 것 같았다. 캡틴 R은 J를 통해 자신을 바라볼 것을 요구하고 있었다. GUIDE호에 타기 전의 지우는 해결할 수 없는 문제를 잔뜩 안고 살아가는 사람이었다. 문제를 풀기 위해 사방으로 노력했지만, 한번 풀린 실타래는 좀처럼 정리되지 않았다. 그러나 지금 지우는 자신이 문제를 해결하지 못한 이유를 알게 되었다. 그는 문제의 본질을 파악하지 못하고 있었던 것이다. 문제의 본질, 즉 문제를 일으키는 근본 원인을 파악하지 않은 채 임시방편적인 해답만 구했던 것이다. 사람은 누구나 문제를 안고 살아간다. 그러나 그것을 어떻게 바라보고 대처하느냐에 따라 삶의 양상은 달라진다. 지우는 마음속으로 몇 번이고 되새겼다.

　'문제는 늘 발생한다. 문제가 발생하면 그 원인을 찾는 것이 가장
　중요하다.'

　지우와 J의 대화는 끝날 줄 몰랐다. 지우는 인터넷을 서핑하다 접한
흥미로운 이야기를 들려주었다. 역도에서 500파운드 벽을 최초로 깬
러시아의 바실리 알렉셰프^{Vasily Alexeev}에 관한 이야기였다. 당시 그는 세
계 최고의 역도 선수로 불렸다. 하지만 언제부턴가 500파운드의 벽 앞
에서 번번이 무릎을 꿇어야 했다. 전문가들도 500파운드는 인간의 한
계를 넘어서는 중량이라며 그의 실패를 당연한 걸로 여겼다. 그러나 알
렉셰프를 맡은 새 코치는 생각이 달랐다. 어느 날, 그는 501.5파운드의
역기를 준비해놓고, 알렉셰프에게는 499파운드라고 얘기했다. 잠시
후, 놀라운 일이 일어났다. 알렉셰프가 역기를 가볍게 들어 올린 것이
다. 이를 계기로 역도에서 깨지기 힘들 것 같았던 500파운드의 벽은 무
너지고 말았다. 그의 성공을 목격한 다른 선수들도 500파운드의 벽을
쉽게 넘어섰다. 알렉셰프의 새 코치는 바로 문제의 본질을 알고 있었

다. 그는 알렉셰프가 능력이 없어서 실패한 게 아니라, 500파운드라는 단어가 주는 중압감이 근본 원인임을 알고 있었다. 그는 무게에 도전하지 않았다. 자신이 가르치는 선수의 인식에 도전했다. 결과는 성공이었다.

지우는 회사에서 개최한 워크숍이 생각났다. 한 강사가 다음과 같은 문제를 제시했다.

"여러분, 잠시 눈을 감으세요. 비가 세차게 내리는 늦은 밤입니다. 당신은 어디론가 급히 운전하고 가고 있습니다. 잠시 후 인적이 드문 곳에 버스정류장이 나옵니다. 버스정류장에는 세 사람이 서 있습니다. 급히 병원에 가야 하는 할머니, 언젠가 당신의 생명을 구해준 의사, 그리고 당신이 꿈에 그리던 이상형의 이성이 그곳에 있는 것입니다. 그들 모두 급히 차를 빌려 타야 합니다. 그런데 당신의 차는 단 한 사람만 태울 수 있습니다. 오호 통재라! 당신은 누구를 태울 건가요?"

강의에 심드렁했던 직원들의 눈빛이 반짝였다. 잠시 후, 여기저기서 목소리가 새어 나왔다. 저마다 자신만의 논리로 할머니, 의사, 혹은 이상형의 이성을 태워야 한다고 주장했다. 그러면서도 모두 해답이 궁금한 눈치였다. 직원들이 잠잠해지자 강사는 다음과 같이 얘기했다.

"만약 저라면 차 열쇠는 의사에게 주겠습니다. 의사가 할머니를 모시고 병원에 가서 치료를 받게 하는 거죠. 저는 어떻게 하냐고

요? 저는 정류장에서 이상형과 함께 버스를 기다리겠습니다."

직원들은 탄성을 내질렀다. 자동차에 한 사람만 태워야 한다는 한계가 문제를 창의적으로 해결하지 못하게 한 것이다. 강사는 모든 상황과 원인을 철저히 분석하고 고민해야 문제를 해결할 수 있다고 강조하며 강의를 마쳤다. 그리고 지금, 지우는 자신보다 어린 J로부터 같은 대답을 듣고 있었다.

세상에 무시해도 좋은
사소한 문제는 없다

"선배, 1986년 1월 28일에 어떤 일이 일어났는지 아세요?"

조리실로 이동하며 J가 말했다. 조리실로 가는 중에도 J는 복도의 바닥과 벽을 꼼꼼히 살폈다. 1986년이면 지우가 고등학교에 다닐 무렵이었다.

"그날, 미국의 우주 왕복선 챌린저호가 이륙하자마자 공중에서 폭발했어요. 그런데 사고의 원인이 참으로 기막혀요. 나중에 조사해보니 '고무 패킹 불량'이 원인으로 나온 거예요. 천문학적인 비용과 엄청난 시간을 들여 제작한 우주 왕복선이 고무 패킹 때문에 폭발한 거죠."

챌린저호의 추진 로켓체를 제작한 하청업체는 '모톤 티오콜Morton Thiokol'이라는 회사였다. 챌린저호가 발사되기 전, 이 회사는 고무 패킹의 결함을 발견하고 즉각 NASA에 보고했다. 하지만 NASA는 하청업체의 보고를 무시했다. NASA 내부에도 문제를 발견한 사람이 있었다. 레온 레이^{Leon Ray}라는 엔지니어가 사전 실험을 통해 고무링이 벌어진다며 상부에 그 위험성을 경고했지만 받아들여지지 않은 것이다. 당시 NASA는 챌린저호의 발사가 여러 차례 연기되면서 예정된 시간에 반드시 성공해야 한다는 중압감에 시달리고 있었다. 이런 NASA에게 고무 패킹은 고려할 만한 대상이 아니었다. 그러나 NASA가 하찮게 여긴 작은 문제가 가져온 결과는 실로 엄청났다. 접합 기능을 담당한 고무 패킹은 기온이 10℃ 이하로 내려가면 굳어지는 특성이 있다. 그런데 챌린저호가 발사할 때의 대기 온도는 −0.5℃. 당연히 고무 패킹은 밀폐 기능을 수행할 수 없었고, 챌린저호는 내부의 압력을 유지하지 못하고 결국 폭발하고 말았다. 1986년 챌린저호 참사는 세상에 무시해도 될 만한 사소한 문제란 존재하지 않는다는 평범한 진리를 다시 한 번 일깨워주었다.

이제는 J의 차례다. J는 자신이 스페인에서 태어났다고 말했다. 그의 부모는 아들을 좀 더 잘 키우기 위해 스페인에서 뉴욕으로 이민을 떠났다. 하지만 이민을 온 지 얼마 되지 않아 부모님이 교통사고로 세상을 뜨고 말았다. 졸지에 고아가 된 것이다. 그는 일가친척 하나 없는 뉴욕에서 홀로 살아야 했다. 학비와 생활비를 벌기 위해 우유와 신문을 배달하는 것은 물론 안 해본 일이 없었노라고 담담히 고백했다.

"매일 아침 우유를 배달했어요. 맨해튼에서 새로 개업한 식당의 70퍼센트가 2년 안에 문을 닫는다는 사실도 그때 알았어요. 문제

는 그들이 실패한 이유를 알지 못하고 문을 닫는다는 거였어요. 그들은 돈이 부족하거나, 음식 맛과 서비스가 좋지 않아서 문을 닫는다고 생각했어요. 하지만 뉴욕에서 가장 유명한 멕시코 식당에 우유를 배달하면서 저는 알 수 있었어요. *성공한 식당과 실패한 식당 사이의 차이는 아주 사소하다*는 사실을요."

J는 조리실의 냉장고 문을 열어 음식이 잘 정리되어 있는지, 전원은 이상 없는지 꼼꼼히 살피며 말을 이어갔다. 눈으로 보고, 냄새를 맡고, 계속 메모하면서 진지한 대화를 이어가는 모습이 신기할 따름이었다. 지우가 보기엔 아무렇지 않은 것 같은데 J는 수첩을 빼곡히 채워나갔다.

"어느 식당이건 아침은 엄청나게 바쁜 시간이죠. 그날 사용해야 할 채소와 고기, 우유, 주스, 와인들이 박스에 담겨 밀려들죠. 주방 사람들은 채소를 다듬고, 자리를 세팅하고, 청소를 하며 분주한 아침을 보내야 해요. 특히 뉴욕에서 가장 잘 나가는 멕시코 식당의 아침은 가히 전쟁 같았어요. 어느 날 아침이었어요. 전 여느 때와 다름없이 우유를 배달하기 위해 식당 주방에 들어갔어요. 그런데 그만 우유를 내려놓다가 자전거를 넘어뜨리고 만 거예요. 자전거는 넘어지면서 식당 화장실 문에 부딪혔고 유리창에 금이 가고 말았어요. 다행히 아무도 보지 않았기에, 부끄럽게도 저는 얼른 도망쳤어요. 당시 돈이 없던 저에게 유리창을 변상하는 건 심각한 일이었으니까요. 문제는 두 달 후였어요. 그 잘 나가던 식당이 문을 닫은 거예요."

171

"뉴욕에서 제일 유명한 식당이 문을 닫다니? 두 달 사이에 무슨 일이 생긴 거야? 사장이나 주방장이 바뀌었나?"

"아뇨. 바뀐 건 아무것도 없었어요. 사장의 경영 수완도, 주방장의 요리 솜씨도 여전히 끝내줬죠. 변한 건 딱 하나, 제가 실수로 깬 화장실 유리창뿐이었어요."

화장실 유리창 때문에 식당이 망했다고? J의 말은 사실이었다. J는 한참이 지난 후 식당이 문을 닫은 이유가 그 유리창 때문이었다는 걸 알게 되었다고 한다. J는 유리창을 깬 다음 날부터 그 식당에 우유를 배달할 때마다 노심초사했다고 한다. 물론 누구도 J가 화장실 유리창을 깼다는 사실을 알지 못했다. 아니, 화장실 유리창에 금이 갔다는 사실을 눈치 챈 사람조차 없었다. 그러던 어느 날, 《미슐랭 가이드》≫1900년 발매된 이후 엄격한 심사와 신뢰도 높은 정보를 바탕으로 명성을 쌓은 '미식가들의 바이블'. 전담요원이 평범한 손님으로 가장한 식당을 1년 동안 5~6회 방문해 평가를 내린다. 맛, 가격, 분위기, 서비스 등 다양한 측면을 고려해 평가하는 것으로 유명하다. 가장 뛰어난 식당에는 별점(최고 별 3개)을 부여하고, 최고 등급을 받은 식당은 '미슐랭 레스토랑'으로 불리게 된다가 식당을 평가하기 위해 방문했다. 뉴욕에서 가장 유명한 멕시코 레스토랑이었기에 식당 사람들은 자신 있게 맞아들였다. 하지만 결과는 충격적이었다. 《미슐랭 가이드》는 '화장실의 깨진 유리창이 방치된 것을 보고, 식당의 위생 상태가 좋지 않다'는 평점을 매겼다. 식당이 《미슐랭 가이드》의 평가에서 좋지 않은 점수를 받았다는 소문이 돌자 손님들의 발길은 조금씩 끊겼고, 결국 식당은 문을 닫고 말았다. '깨진 유리창의 법칙'이 현실로 나타난 순간이었다.

깨진 유리창의 법칙

고객이 겪은 단 한 번의 불쾌한 경험, 한 명의 불친절한 직원, 매장 벽의 벗겨진 페인트칠 등 기업의 사소한 실수가 결국 기업을 쓰러뜨린다는 이론. '하나를 보면 열을 안다'라는 속담과 비슷한 의미를 담고 있다. '환원주의Reductionism', 즉 각각의 작은 부분에 전체가 축약되어 있다는 논리로도 설명된다.

1982년 3월, 《월간 애틀랜틱》은 범죄학자 제임스 윌슨의 「깨진 유리창」이라는 글을 소개했다. 윌슨은 이 글에서 "사람들은 무질서를 두려워한다. 따라서 경찰은 무질서한 기미가 조금이라도 보이면 심각한 범죄로 발전하지 않도록 주의 깊게 살펴야 할 책임이 있다"라고 적었다. 1994년 뉴욕 시장에 선출된 루돌프 줄리아니도 좋은 사례로 꼽힌다. 줄리아니는 시장에 당선되자마자 뉴욕을 '가족적인 도시'로 만들기 위해 지하철에 낙서를 하는 행위와 타임 스퀘어에서의 성 매매를 근절시키겠다고 선언했다. 시민들의 반응은 냉담했다. 시민들은 '법과 질서'의 수호자 줄리아니가 강력 범죄와 싸울 자신이 없어서 경범죄를 선택했다고 비웃었다. 하지만 결과는 달랐다. 줄리아니의 조치는 뉴욕에서는 어떠한 사소한 범죄도 '절대 불허Zero Tolerance'한다는 메시지를 전달했고, 몇 년 후 뉴욕의 강력 범죄는 현저하게 줄어들었다.

깨진 유리창의 특징

1. 사소한 곳에서 발생한다. 예방도 쉽지 않다.
2. 문제가 확인되더라도 소홀하게 대응한다.
3. 문제가 커진 후 치료하려면 몇 배의 시간과 노력이 필요하다.
4. 투명 테이프로 숨기려고 해도 여전히 보인다.
5. 제대로 수리하면 큰 보상을 가져다준다.

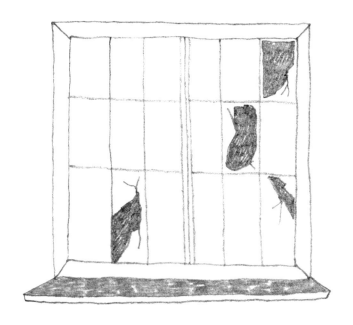

"그 식당이 문을 닫자 저는 큰 충격을 받았어요. 오랫동안 죄책감에 시달렸죠. *세상에 무시해도 될 만한 사소한 문제란 없다*는 사실을 확실히 배운 셈이죠. 어느 날 밤, 저도 모르게 식당을 찾아갔어요. 저에게 친절하게 대해준 사상님과 주방장이 생각났어요. 식당은 불이 꺼져 있었고, 그저 폐업을 알리는 작은 종이만 쓸쓸하게 붙어 있더군요. 그때 제 옆에 누가 다가왔어요. 바로 캡틴 R이었어요."

또 다시 캡틴 R이다. GUIDE호의 모든 선원들이 캡틴 R의 부름을 받아 공동 운명체가 된 것이다. 그날 밤, 캡틴 R은 J에게 이렇게 말했다. '돌이킬 수 없는 잘못을 계속 마음속에 담아두면 앞으로 전진할 수 없다'고. 캡틴 R은 J가 유리창을 깼다는 사실을 알고 있었다. J는 아무 말도 할 수 없었다. 자신도 모르게 뜨거운 눈물이 흘러내렸다.

"눈물이 멈추자 캡틴 R이 말하더군요. 잘못을 만회하기 위해 노력할 준비가 되어 있느냐고. 저는 말없이 고개를 끄덕였어요. 그럼 자기를 따라오라고 했어요. 그 말이 어찌나 따뜻하게 들리던지. 그 길로 전 그를 따라 나섰고, 이렇게 GUIDE호에 승선하게 되었어요. 그날 이후 저는 GUIDE호에 깨진 유리창은 없는지 확인하는 일을 하게 되었죠."

지우는 아무 말도 할 수 없었다. 지우는 자신의 삶에 깨진 유리창이 무엇인지 고민하게 되었다. 지극히 사소하게 여겨 아무렇지 않게 지나친 게 없는지 곰곰이 생각해 보았다. 아무래도 오늘밤은 잠을 쉬이 이루지 못할 것만 같다. 🍷

지금 내가 사소하다고 여기는
문제점은 무엇인가?

(나의 '깨진 유리창'을 적어보자)

그 사소한 문제를
어떻게 고쳐 나갈 것인가?

(나의 '깨진 유리창'을 바로 지금 교체하자)

몸살

잠시 멈추고 푹 쉬어라

"일만 하고 휴식을 모르는 사람은
브레이크가 없는 자동차 같아서 위험하기 짝이 없다.
또한 일할 줄을 모르는 사람은
모터가 없는 자동차 같아서 아무 소용이 없다."

_ 존 포드

유년 시절의 기억

지난밤부터 으슬으슬 춥더니 결국 일이 생기고 말았다. 갑판에서 비를 맞으며 작업한 탓일까. 두통과 오한이 한꺼번에 찾아왔다. 편도가 심하게 부어올라 물을 넘기는 것도 힘들었다. 이까짓 감기쯤이야, 하고 무시한 게 화근이었다. 게다가 새벽에 갑판 정리를 위해 일어나야만 했다. 아니나 다를까. 지우는 갑판을 정리하다가 결국 쓰러지고 말았다. 다행히 기관실을 점검하고 돌아오던 캡틴 R이 발견해 의무실로 옮길 수 있었다. 그런데 이게 웬일일까. 캡틴 R의 등에 업힌 지우는 의식이 희미한 가운데서도 따뜻함을 느꼈다. 정체를 알 수 없는, 하지만 아주 오래 전부터 익숙한 느낌의 편안함. 지우는 아버지와 함께 보낸 유년 시절로 돌아가는 것 같았다.

지우가 태어나 자란 작은 어촌 마을은 늘 평화로웠다. 저녁이 되면 집집마다 하얀 연기가 피어올랐고, 곧 밥 짓는 냄새가 마을을 휘감았다. 하지만 지우네만은 그렇지 않았다. 마을 사람들이 오순도순 저녁

밥상에 모여 있을 때, 지우와 어머니는 식사를 하지 못한 채 아버지를 기다리는 일이 많았다. 그때마다 어머니는 지우를 마을회관으로 보냈다. 아버지는 저녁도 잊은 채 커다란 윷판을 벌이곤 하셨다. 아버지 주위에는 빈 막걸리 병들이 굴러다녔다.

자신을 기다리는 어머니는 안중에도 없는 걸까. 아버지는 지우가 찾아올 때마다 미꾸라지를 잡으러 가자며 추수를 마쳐 깡똥한 벼 밑동만이 줄을 지어 나란히 서 있는 논으로 이끌곤 했다. 그리고 "여기다"라고 외치며 벼 밑동을 삽으로 뒤집었다. 벼의 뿌리에 붙어 있는 한 더미 흙 사이로 겨울잠을 자고 있는 미꾸라지의 노란 배가 보였다. 삽질 한 번에 미꾸라지 한 마리. 아버지의 삽질은 이처럼 한 치의 어긋남이 없었다.

지우의 손에 들린 양동이에 미꾸라지가 그득하면 아버지는 짚을 모아 불을 피웠다. 불길이 타오르면 지우는 미꾸라지를 던져 넣었다. 이제 남은 건 기다림뿐. 지우는 짚불이 사그라지기를 기다렸다가 잘 익은 미꾸라지를 나뭇가지로 꺼내어 호호 불어가며 발라먹었다. 살이 통통하게 오른 늦가을의 미꾸라지는 양념을 치지 않아도 고소했다.

논에서 집까지 가는 길, 아버지는 언제나 지우를 업어주었다. 아버지의 입에서는 연신 콧

노래가 새어나왔다. 아버지의 노래를 들으며 지우는 까무룩 잠이 들곤 했다. 아버지의 등은 세상에서 가장 넓고 편안한 잠자리였다. 그런데 바로 지금, 캡틴 R의 등에서 그 시절 아버지의 냄새가 났다. 지우의 눈에서 이유를 알 수 없는 눈물이 주르륵 흘러내렸다. 아버지는 대체 어디에 계신 걸까. 지우는 아버지의 이름을 부르며 다시 정신을 잃고 말았다.

바다로 내던져진
혼자

얼마나 잤을까? 눈을 떠보니 의무실이었다. 두통이 조금 남아 있었지만 한결 개운해진 듯했다. 뿔테안경을 쓴 닥터 P가 약을 조제하다가 체온계를 들고 지우에게 다가왔다.

"좀 더 누워 있게. 새벽에 캡틴 R이 발견하지 않았다면 큰일 날 뻔했어."

"캡틴 R이 저를 데려왔다고요?"

아, 꿈이 아니었구나. 따뜻함과 편안함의 정체는 캡틴 R이었다. 그런데 왜 그의 등에서 아버지가 떠오른 걸까? 체온계가 겨드랑이에서 빠져 나가자, 지우는 침대에서 일어났다. 땀에 젖은 작업복 대신 말끔하게 다린 환자복을 입은 자신이 낯설기만 했다.

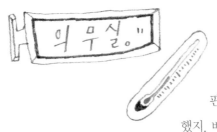

"37.4도. 많이 내려갔군. 캡틴 R이 새벽에 순찰을 나섰다가 선미 쪽 갑판에 쓰러져 있는 자네를 발견했지. 배에 오래 머물다 보면 면역력이 급격히 떨어진다네. 육지에서라면 별게 아닌 병도 항해 중에는 심각할 수 있지. 하마터면 바다에 던져질 뻔했잖아. 대체 이 몸으로 갑판에는 왜 나간 건가?"

어젯밤, 지우는 항해사 W와 함께 야간 당직 근무를 섰다. 야간 당직을 맡은 사람들은 새벽에 두 차례 순찰을 돌아야 한다. 배의 이곳저곳을 살피고, 기상 상황 등을 확인해서 아침 일찍 캡틴 R에게 보고해야 한다. 탑승 인원을 파악하는 것도 당직 근무에 나선 이들이 해야 할 임무다. 저녁식사를 마친 지우는 몸에 한기가 도는 걸 느꼈지만 별거 아니라고 여겨 야간 당직에 나섰고 결국 의무실 신세를 지게 된 것이다.

"야간 당직이었어요. 순찰을 돌다가 쓰러졌나 봐요. 그런데 환자를 바다에 던지다니요? 어떻게 동료를 바다에…"

"바다라는 고립된 환경에서 시간을 보내는 선원들에게 동료란 가족보다 더한 존재이지. 하지만 환자를 바다에 던질 수밖에 없는 이유가 있다네. 선원 중 병이 생기면 육지보다 훨씬 빠른 속도로 전염되기 때문이지. 그 사실을 아는 환자가 스스로 바다에 던져달라고 요청한 경우도 적지 않았다네. 여기에는 14세기 중반 흑

사병으로 인한 참사를 기억하는 유럽인들의 두려움도 작용했을 거야. 나머지 선원들의 안전을 위해서 환자를 희생시킨 거지."

하지만 지우는 쉽사리 받아들일 수 없었다. 닥터 P의 이야기가 일리는 있지만, 아픈 동료를 바다에 던지는 것을 도저히 받아들일 수 없었다.

"여전히 이해가 되지 않는다는 표정이군. 자네가 어느 기차역의 역장이라고 가정해보세. 어느 날, 역으로 들어오는 기차의 제동장치가 고장 났다는 무전 연락이 온 거야. 기차는 속도를 줄이지 못하고 역을 통과해야 하네. 그런데 기차가 지나는 선로에 동료 한 명이 선로 이음새에 기름을 칠하는 보수공사를 하고 있는 거야. 그를 살리려면 기차의 선로를 바꾸어야만 해. 하지만 그렇게 되면 기차는 선로를 이탈하게 되고 결국 수많은 사상자를 낳고 말 거야. 자, 어떤가? 한 사람을 희생시켜서 여러 사람의 목숨을 구할 텐가, 아니면 동료를 구할 텐가? 더 어려운 질문을 던져볼까? 선로에서 일하는 사람이 동료가 아니라 가족이라면 어떻게 할 건가?"

지우의 표정이 심하게 일그러졌다. 한 사람의 목숨과 수많은 사람들의 목숨. 닥터 P의 얘기대로라면 한 사람을 희생시켜 기차의 탑승객들을 구하는 게 낫다. 하지만 선로에서 일하는 사람이 가족이라면 이야기는 달라진다. 결국 지우는 닥터 P의 질문에 아무런 대답도 하지 못했다.

"사람들은 자신의 기준과 잣대로 세상을 판단하곤 하지. 하지만 자네는 다르길 바라네. 가치관과 신념, 상황과 환경에 따라 기준과 잣대는 달라지는 법이니까. 배에서 오랫동안 지낸 나는 병에 걸린 자신을 바다에 던지라고 요청하는 환자의 심정을 이해할 수 있을 것 같아."

유레카 효과

작고 앙증맞은 유리 포트에서 물이 보글보글 끓어오르고 있다. 닥터 P가 뜨거운 차를 작은 잔에 담아 지우에게 건넸다.

"자, 받게. 항해하는 동안 면역력이 약해져 몸살이 났을 거야. 당분간은 푹 쉬게. 열심히 일하는 것만큼 잘 쉬는 것도 중요하니까. 오늘날 현대인의 질병은 쉬어야 할 때 쉬지 않아서 생기는 거야. 명심하게. 더 열심히 일하려면 반드시 휴식을 가져야 한다는 것을."

휴식. 참 오랜만에 듣는 단어였다. 대부분의 직장인들이 그렇듯이 지우는 휴식과는 거리가 먼 삶을 살아왔다. 그에게 우선순위는 언제나 직장이었고, 일이었다. 그렇게 앞만 보고 달리는 사이, 지우는 가족과 사랑하는 사람을 돌아보는 여유를 갖지 못했다. 지우는 지난 출장에서 가방에 넣어 가지고 갔던 필립 골드버그의 『바빈스키 반사The Babinski Reflect』라는 책이 생각났다. 현재 몰입하고 있는 일에서 잠시 벗어나 머리를 식히는 동안 창조적인 아이디어가 떠오르는 것, 즉 '유레카 효과Eureka Effect'를 읽으며 깊이 공감했던 게 떠올랐다. 아인슈타인은 면도할 때 가장 좋은 아이디어가 떠올랐고, 프랑스의 수학자 앙리 푸엥카레는 평소 잘 안 풀리던 수학 문제를 소풍을 가기 위해 버스에 올라타는 순간 답을 구했다. 미국의 화가 그랜트 우드는 소의 젖을 짜는 동안 영감을 얻은 걸로 유명하다. 모두들 삶의 여유를 아는 사람들이었다.

"딸아이가 하나 있었다네. 살아 있었다면 자네와 비슷했겠군."

갑자기 닥터 P가 자신에 대해 얘기하기 시작했다. 그러고 보니 지우는 닥터 P에 대해 아는 게 없었다. 캡틴 R도 유독 닥터 P에 대해서만큼은 입을 열지 않았다. 그런데 딸이 '살아 있었다면'이라니? 지우는 두 눈을 동그랗게 뜨고 닥터 P의 입을 쳐다보았다.

"난 존스 홉킨스 병원에서 뇌 전문의로 일했다네. 병원에 있던 시절, 미국 경제는 전례 없는 성장을 구가했다네. 1972년 오일 쇼크를 겪고, 이후 1978년 2차 오일 쇼크를 겪기 전까지의 시간이었지. 사람들은 성공이라는 목표를 향해 쉼 없이 달렸어. 더 많이 벌고, 더 많이 소비하고, 더 많이 즐겼지. 존스 홉킨스를 나와 1974년 병원을 개원했는데, 5년간 병원에 환자가 넘쳐났다네. 열심히 일만 하던 40대 직장인들이 돌연사로 병원에 실려 오는 일이 잦

앗거든. 당연히 나는 많은 돈을 벌었지. 스포츠카를 사고, 마이애미 해변에 근사한 별장도 마련했다네. 그때 내 딸 안젤라가 태어났어. 세상 전부를 가진 기분이었지. 아이를 위해서는 뭐든지 해줘야지, 그러기 위해서는 몸이 부서져라 더 열심히 일해야지, 라고 생각했지. 딸아이가 일곱 살이 될 때까지 주말도 없이 병원에서 먹고 자며 일을 했다네."

잠시 호흡을 가다듬던 닥터 P가 다시 말을 이었다. 지우는 어쩌면 자신이 이 배에서 닥터 P의 이야기를 듣게 된 유일한 사람일지도 모른다고 생각했다.

"4월 17일이었어. 딸아이의 일곱 살 생일을 축하하는 파티가 있던 날이었지. 하지만 그날 난 참석하지 못했다네. 급한 수술이 있었거든. 잘 나가던 병원이 2차 오일 쇼크로 인해 환자가 줄면서 어려웠기에 수술을 포기할 수 없었다네. 병원 유지비, 자동차 할부금, 별장 구입에 들어간 대출금 이자 등을 감당하려면 할 수 없었지. 자정을 넘겨 집에 돌아와보니 아내와 아이가 침대에서 잠들어 있더군. 아이의 눈엔 눈물 자국이 선명했어."

그날 닥터 P는 안젤라가 남긴 쪽지를 읽고 참 많이 울었단다.

'아빠, 병원에 가지 말고 하루만 같이 놀아요,
이번 주 토요일, 놀이공원에 가기로 한 약속 꼭 지켜주세요,
아빠가 너무 보고 싶어요,
사랑해요, 아빠,'

닥터 P는 세상이 무너져도 토요일에 안젤라와 함께 놀이공원에 가겠다고 결심했다. 하지만 토요일 오전 뇌경색으로 쓰러진 주지사가 병원에 실려 왔다. 주지사 같은 유명인사의 수술을 그냥 놓칠 수 없었다. 다른 병원으로 보낼까 잠시 고민했지만, 그러기엔 주지사의 상태가 너무 위중했다. 주지사가 쓰러졌다는 소식에 몰려든 기자들을 보며 이 기회에 병원을 홍보하자는 생각도 무시할 수 없었다.

주지사의 수술은 무려 9시간이 걸렸다. 수술실을 나와 기자들에게 수술 경과를 브리핑하고 시계를 보자 저녁 8시였다. 힘겨웠던 하루를 보내고, 차에 시동을 거는 순간 안젤라의 얼굴이 떠올랐다. 딸아이에게 뭐라고 해야 하나. 집에 돌아와 보니, 집은 불이 꺼져 있었다. 그런데 뭔가가 이상했다. 현관문은 열려 있고, 싱크대에는 씻지 않은 접시들이 수북했고, 소파에는 세탁기에서 꺼낸 빨래들이 쌓여 있고, 바닥에는 깨진 접시 파편이 여기저기 흩어져 있었다. 평소 깔끔한 아내의 성격을 감안하면 도저히 이해할 수 없는 광경이었다. 급히 외출이라도 나간 걸까? 순간 불안감이 엄습했다. 아내와 안젤라는 어디에 있을까?

닥터 P는 편한 옷으로 갈아입고 설거지를 하기 시작했다. 그 순간, 전화벨이 울렸다. 심장이 덜컥 내려앉는 듯했다. 뭘까, 이 불길함은…. 전화는 닥터 P의 병원에서 멀지 않은 병원에서 걸려왔다. 전화를 건 사내는 P의 신원을 확인하더니 유감이라며 말을 꺼냈다.

"따님 안젤라와 아내 크로퍼드 부인이 방금 사망했습니다. 정말 유감입니다. 지금 병원으로 와주시겠습니까?"

닥터 P는 수화기를 떨어뜨렸다. 발이 바닥에 붙은 듯 떨어질 줄 몰랐다. 머릿속이 하얗게 변했다. 싱크대의 물은 넘쳐흐르고 있었다.

"병원에 가서 흰 천에 덮인 안젤라와 아내의 얼굴을 확인했네. 나를 기다리던 안젤라가 내가 오지 않자 병원으로 가겠다고 투정을 부렸던 모양이야. 싱크대에서 설거지를 하던 엄마의 치마를 붙잡고 떼를 쓴 거지. 화가 난 아내는 야단을 치려고 돌아섰고, 그 순간 손에 쥐고 있던 접시가 떨어지면서 안젤라의 이마에 부딪힌 거야. 아내는 놀란 마음에 차에 태우고 급히 병원으로 갔는데, 그만… 마주오던 트럭과 충돌한 거야. 병원으로 옮겨져 수술실에 들어갔지만 그만 하늘나라로 가고 말았어. 내가 주지사를 수술하고 있던 그 시간에, 10분도 떨어지지 않은 곳에서 아내와 딸아이가 세상을 떠난 거야."

닥터 P의 눈에서는 쉼 없이 눈물이 흘러 내렸다. 아내와 딸의 불행한 죽음이 모두 자신 때문이라는 자책의 눈물이리라. 그날 이후, 닥터

191

P는 병원과 자동차, 별장 등을 모두 처분해 어린이 불치병 센터에 기부하고 네팔로 떠났다고 했다. 아내와 딸에게 속죄하는 마음으로 자원봉사를 하며 삶의 의미를 되찾고 싶었다. 한센병과 굶주림에 시달리는 사람들을 치료하며 네팔과 인도를 오갈 무렵, 닥터 P는 그곳에서 캡틴 R을 만나게 되었고, 지금 여기에 있게 된 것이다. 눈물을 그친 닥터 P가 입을 열었다.

"주책없이 눈물을 보였군. 지금 난 인생의 휴식을 얻은 기분일세. 물론 그 대가는 너무 컸어. *사랑하는 사람들을 위해 열심히 일한다고 생각했는데, 정작 돌아보니 그들은 내 곁을 떠나고 없더군.* 자네는 나와 같은 전철을 밟아서는 안 되네. 잊지 말게. 적절한 휴식은 윤택한 삶을 만든다는 것을. 자, 그럼 좀 더 자게."

옳은 말이다. 하루 종일 줄기차게 도끼질을 한 나무꾼보다, 중간에 휴식을 취하며 도끼날을 갈았던 나무꾼이 더 많은 나무를 베는 법이다. 그러고 보니 GUIDE호에서의 생활이 지우에겐 도끼날을 갈며 휴식을 취하는 것과 같다는 생각이 들었다. 쉴 없이 앞만 보고 달려온 지우의 삶에 재충전의 여유를 안겨준 GUIDE호가 너무 고마웠다. 지우는 다시 잠을 청하기 위해 눈을 감았다. 하지만 닥터 P의 눈물이 떠올라 좀처럼 잠을 이루지 못했다. 그렇게 한참을 뒤척이다 잠이 들었다. 🍷

1: 지금 내가 함께 있고 싶은 사람(들)은
누구인가?

_____

_____

_____

_____

_____

2: 나에게 한 달간의 휴식이 주어졌다.
당신의 휴가 계획을 적어보자.

_____

_____

_____

_____

_____

대청소

혼자 하지 마라, 팀으로 일하라

"빨리 가려면 혼자 가라,
멀리 가려면 같이 가라"

_ 아프리카 격언

o
o

기묘한 단짝

자신의 방은 스스로 청소하기,

GUIDE호의 모든 선원이 지켜야 할 철칙이다. 선실은 물론 식당과 화장실 등 자신이 활동하는 범위를 깨끗하게 유지하는 것은 GUIDE호의 사람들이라면 누구나 지켜야 한다. 하지만 어쩔 수 없이 선원들의 손길이 닿지 않는 곳은 있는 법. 이런 곳과 공동생활 공간은 미화담당관 B와 D의 몫이었다. B와 D는 항상 같이 다녔다. 작고 땅딸막한 B와 호리호리하면서 훤칠한 D가 같이 다니는 모습은 제법 흥미로운 볼거리를 제공했다. 선원들은 두 사람을 가리켜 R2와 D2)조지 루카스 감독의 〈스타워즈〉에 나오는 로봇라고 부르며 친근감을 표시했다. B와 D, 두 사람은 GUIDE호의 명콤비이자, 가장 어울리지 않는 기묘한 단짝이었다.

B는 성격이 활달하고 유머가 넘쳤다. 반면 D는 조용하고 차분했다. 두 사람이 얼마나 다른지는 식사시간에 정확히 알 수 있다. B는 음식을 입에 가득 담은 채 잠시도 쉬지 않고 떠들어댄다. 이런 B를 D는 싱긋

웃으며 조용히 귀를 기울인다. 두 사람은 중국계 미국인으로, 어릴 적부터 죽마고우였다. 두 사람의 인연은 베트남 전쟁까지 이어졌다. 여기에는 사연이 있다. 평생을 붙어다닌 친구지만, 성격 차이만큼 간혹 의견이 맞지 않을 때가 있기 마련이다. 대학 시절, 정치학을 전공한 B는 베트남 전쟁은 민주주의를 지키기 위해 반드시 필요하다고 생각했다. 반면 같은 대학에서 철학을 공부하던 D는 어떠한 경우라도 전쟁은 안 된다는 신념을 고수했다. 결국 두 사람은 전쟁에 직접 참전해 실상을 보고 누구의 의견이 옳은지 확인하기로 했다.

베트남 전쟁에 투입된 지 얼마 되지 않아 B의 소대에 수색 명령이 떨어졌다. 안타깝게도 그 명령은 참극의 시작이었다. 적진으로 수색을 나선 B의 소대는 월맹군의 기습을 받아 모두 전사했고, B만 구사일생으로 살아남았다. B 역시 목숨은 건졌지만, 혈혈단신의 몸으로 적진을 빠져나오지는 못했다. 이때 D가 나섰다. D는 B를 구해야 한다고 지휘관에게 건의했다. 그러나 생사를 가늠할 수 없는 상황에서 적진으로 들어가자는 병사의 주장을 받아들일 지휘관이 있을 리 없다. 결국 D는 지휘관의 명령을 무시한 채 홀로 적진에 뛰어 들었고, 구사일생 끝에 B를 구했다. 이 과정에서 D는 깊은 총상을 입었고, 결국 평생 다리를 절어야 했다. 명령 불복종으로 불명예 전역을 감수해야 했다. 탈출 과정에서 부상을 입은 B도 귀향 명령을 받아 함께 귀국하게 되었다. 이유야 어찌 됐든, 참전도 귀국도 같이 하게 된 것이다.

지우는 청소를 하고 있는 두 사람을 볼 때마다 남몰래 웃곤 했다. 작달막한 B는 손걸레로 탁자나 유리창을 닦았다. 키가 크고 호리호리한

D는 긴 빗자루와 대걸레로 바닥이나 천장을 청소했다. 두 사람이 지나간 공간은 먼지 하나 없이 깨끗했고, 기분 좋은 라벤더 향기가 흘러 넘쳤다. 두 사람은 마치 한 몸처럼 움직였다. 그리고 오늘, 지우는 캡틴 R의 지시로 두 사람과 함께 청소를 하게 되었다.

"두 분은 언제부터 같이 다니신 거예요?"

"아, 우리? 내게 없는 것이 저 친구에게 있다는 걸 안 순간부터였지."

B는 돌아보지도 않은 채 곧장 대답했다. 그런 질문은 지금까지 숱하게 들어왔다는 듯한 태도였다.

"보다시피 우리는 별 볼 일 없는 사람들이야. 하지만 함께 있으면 달라지지. 내가 할 수 없는 걸 저 친구는 할 수 있고, 저 친구가 할 수 없는 건 내가 할 수 있지. 키가 작은 나는 천장을 청소하려면 사다리가 필요하고, 다리가 불편한 저 친구는 걸레질할 때 무릎을 굽히는 게 불편하지. 아마 혼자였다면 GUIDE호에서 일할 수 없었을 거야. 평생 함께 다니며 우리가 깨달은 게 있어. 혼자보다는 둘이 낫다! 이건 『삼국지』만 읽어도 알 수 있지. 자네는 『삼국지』에서 어떤 장면이 가장 인상 깊었나?"

도서관 책장을 걸레로 훔치던 B가 물었다.

기러기는 혼자
날지 않는다

『삼국지』라…. 지우의 머릿속이 바빠졌다. 우선 유비, 관우, 장비가 '도원결의'를 하는 장면이 떠올랐다. 제갈공명을 세 번이나 찾아가 만나기를 청했던 '삼고초려'도 기억났지만, 그 밖에는 특별히 기억나는 장면이 없었다.

"아무래도 도원결의나 삼고초려가 아닐까요?"

"껄껄껄. 정말 『삼국지』를 읽은 거야? 꼭 대충 읽은 사람들이 도원결의니 삼고초려니 하지. 진짜로 알고 있는 것과 알고 있다고 생각하는 건 다른데 말이야."

지우는 순간 기분이 좋지 않았다. 『삼국지』를 제대로 읽지 않았다는 사실을 들킨 것만 같았다. 인간이라면 누구나 자신의 잘못을 지적당하거나 약점을 간파당할 때 불편해지는 법. 도서관 바닥을 쓸던 지우의 빗자루가 신경질적으로 움직였다. 지우가 심통 부리는 걸 알아챈 걸까? 잠자코 있던 D가 다가와 지우의 빗자루를 가져가더니, 걸레질을 마치고 책상에 앉아 책을 뒤적거리는 B를 눈짓으로 가리켰다. 나머지는 자기가 할 테니 B와 얘기를 나누며 쉬라는 뜻이었다. 지우는 내키지 않은 표정으로 책상에 앉았다. B가 지우에게 책 한 권을 들이밀었다. 『삼국지』였다.

"여기를 봐. 적벽대전이야. 『삼국지』에서 가장 인상적인 장면이지. 10만 대 100만의 싸움! 어때 드라마틱하지 않아? 머리를 풀고 천지신명께 빌어 동남풍을 불게 했던 제갈공명을 상상해 봐. 생각만 해도 짜릿하지 않나?"

적벽대전! 적벽대전은 『삼국지』에서도 가장 멋진 장면으로 손꼽힌다. 조조는 나날이 강성해지는 오나라를 걱정스럽게 주시하고 있었다. 유비는 계속되는 패퇴로 형주로 쫓겨나 있어서 당분간 신경을 쓸 필요가 없었다. 유비가 세력을 회복하기까지에는 상당한 시간이 걸릴 터였다. 이제 걱정되는 건 강남의 손권과 새로 군사가 된 주유 뿐. 이런 조조에게 오나라가 커지고 안정된다면 삼국통일에 결정적인 걸림돌이 될 것이었다. 만약 오나라와 유비가 연합이라도 한다면 생각만 해도 골치 아픈 일이었다. 그래서 조조는 100만 대군을 일으켜 위풍당당하게 오나라를 정벌하기로 했다. 하지만 거칠 것 없어 보이는 조조의 100만 대군에게도 걱정거리가 있었으니, 그건 조조의 군사가 해전海戰에 익숙하지 않은 반면 오나라의 군사들은 해전에 능수능란하다는 것이었다.

새롭게 오나라의 군사가 된 약관의 주유도 고민이 컸다. 우선 지나치게 예쁘장한 외모가 강남의 장수들에게 리더십을 발휘하는 데 걸림돌로 작용했다. 자신의 주군인 손권의 신임은 두터웠지만 현장에서 싸우는 장수와 군사들의 심복을 얻는 것이 주유의 당면과제였다. 이 와중에 조조가 100만 대군을 이끌고 오나라로 내려오고 있다는 소식을 듣게 된 것이다. 대부분의 장수들은 화평을 주장했다. 하지만 주유는 결전에 나설 것을 주장했다. 문제는 어떻게 싸울 것이냐, 였다. 하지만 하늘은 그를 외면하지 않았다. 때마침 제갈공명이 노숙의 초청으로 오나라를 방문했고, 두 사람은 적벽대전의 전략을 '화공火功'으로 삼기로 의기투합했다.

　공명은 봉추로 하여금 조조에게 '연환계'를 권해 배들을 움직이지 못하게 한다. 연환계, 즉 큰 배를 큰 사슬로 묶고, 그 위에 나무판을 대어 연결하면 배들이 물결에 흔들리지 않아 배 멀미도 하지 않고, 말을 타고 싸울 수 있어 마치 육지에서 싸우는 것과 동일한 효과를 얻을 수 있다고 한 것이다. 그 후, 감녕은 '고육지책)오나라의 맹장인 감녕은 주유와 미리 짜고, 군령을 어기고 군사를 무시했다는 죄목으로 매를 맞는다. 이 소식은 오나라에 잠입해 있던 위나라의 스파이를 통해 조조에게 전달된다'을 통해 조조에게 거짓 투항해 조조의 환심을 산다. 이제 모든 준비는 끝났다. 오나라는 작은 배에 건초와 화약을 실어 위나라의 배에 화공을 퍼부었다. 위나라가 자랑하던 100만 대군은 모두 불에 타 죽거나 적벽에 수장되고 말았다. 물론 조조의 모사들이 화공의 위험성을 모를 리 없었다. 하지만 전쟁이 겨울에 벌어지는지라 북서풍은 불되, 동남풍은 불지 않기 때문에 걱정할 것 없다고 생각한 조조의 생각은 동남풍을 빌려온 제갈공명에 의해 빗나가고 만다.

"지우, 혼자서 할 수 있는 일보다 둘이서 할 수 있는 일이 훨씬 많다네. 주유나 공명이 혼자서 100만 대군을 물리친 게 아니듯이 말이야. 적벽대전에 봉추나 감녕이 없었다면 어떻게 됐을까? 오나라는 절대로 승리하지 못했을 거야. 적벽의 주인공은 제갈공명과 주유가 아니라 전장에서 목숨을 걸고 싸운 모든 장수와 병사들이 아닐까? 저기 하늘을 봐. 저 녀석들도 그걸 알고 있잖아."

지우는 하늘을 올려보았다. 해가 저무는 서쪽 하늘에 기러기 무리가 날아가고 있었다. 가장 먼 거리를 비행하는 조류 중 하나인 기러기는 V자 대형으로 날아간다. 하지만 수만 킬로미터를 혼자 날아가는 기러기는 없다. 앞에 있는 기러기의 날갯짓은 뒤의 기러기가 날아갈 수 있도록 양력을 더해준다. 앞의 동료에게 양력을 지원받은 기러기는 약 71퍼센트의 힘을 아낄 수 있다고 한다. 기러기들은 대형을 이루어 날아가며 수시로 앞과 뒤를 바꾼다. 맨 앞에서 바람을 맞으며 날아가던 기러기가 지치면 맨 뒤로 이동하고, 다음 열에 있던 기러기가 선두로 나와서 비행을 이끌어가는 것이다. 기러기들은 날아가는 동안 쉴 새 없이 소리를 지르며 운다. 서로를 격려하고 응원을 하기 위해서이다. 필경 '지치지 마라, 우리는 잘하고 있다', '거의 다 왔다. 조금만 더 힘내자'라는 얘기를 주고받을 것이다. 선두에서 날아가는 리더에게 모든 걸 맡긴 채 나 몰라라 하는 무책임한 기러기들은 단 한 마리도 찾을 수 없다.

기러기의 여행은 매우 길고 힘들다. 병에 걸리거나 다른 문제로 인해 이탈하는 녀석이 생기기 마련이다. 기러기의 지혜는 여기에서 빛을

203

발한다. 낙오한 기러기가 생기면 두 마리가 대열에서 이탈해 그 곁을 함께 한다. 녀석을 보호하기 위해서이다. 이 두 마리는 다친 기러기가 회복되어 대열에 합류할 때까지 동료를 떠나지 않는다. 간혹 심각한 부상을 입거나, 질병에서 회복되지 않아 대열에 합류하지 못하는 경우가 생겨도 동료 기러기들은 끝까지 곁을 떠나지 않는다. 그리고 낙오한 기러기가 숙고 나면 다시 무리로 돌아온다. 수만 킬로미터의 힘든 비행을 가능케 하는 건, 바로 이들의 놀라운 동료 의식 때문이다.

이런, 도서관에서 너무 많은 시간을 지체했다. 아직 청소해야 할 곳이 많이 남아 있는데. 지우는 『삼국지』를 제자리에 꽂아두기 위해 자리에서 일어났다. 탁자에 앉아 있던 B도 따라서 일어났다. 어깨에 멘 도구함에 걸레를 곱게 개켜 넣으며 B는 도서관을 나섰다. D는 벌써 조타실을 향해 걸어가고 있었다. 절뚝절뚝 불편한 걸음걸이가 안쓰러워 보였다.

"D가 없었다면 난 베트남에서 돌아오지 못했을 거야. 지금의 내 삶은 저 친구의 다리와 맞바꾼 거나 다름없어. 베트남에서 돌아온 뒤, 우리는 대학에 복학하고 곧 졸업했지. 나는 쉽게 취직할 수 있었지만 D는 그렇지 못했어. 나는 베트남에서 부상을 입은 영웅이었지만, D는 상사의 명령에 항명한 불명예 전역자였거든. 게다가 장애까지 있는…. 하지만 D는 어떤 원망도 하지 않았어. 그런데 나는 아니었어. 결국 다니던 대형 로펌을 두 달 만에 때려치웠지. D의 남은 인생에 한쪽 다리가 되어야겠다고 결심한 거야."

두 사람은 함께 할 수 있는 일거리를 찾다가, 모교인 뉴욕 주립대에서 학교를 청소하는 일을 시작했다. 두 사람의 처지를 딱하게 여긴, 동시에 감동한 학교 측의 배려 덕분이었다. 그렇게 학교를 청소하던 두 사람은 몇 달 후 캡틴 R을 만나게 되었다. 캡틴 R의 친구가 때마침 당시 대학의 총장이었던 것이다. 캡틴 R은 학교 복도에서 유리창을 닦고 있던 이 기묘한 단짝을 만났고, 총장으로부터 둘의 얘기를 들은 후 B에게 GUIDE호의 청소를 맡아줄 수 있겠느냐고 요청했다. B는 다음과 같이 대답했다고 한다.

"저 친구와 함께 가는 건가요? 그게 아니라면 저는 아무데도 가지 않습니다. 물론 저 친구랑 함께 할 수 있다면 어디든 가겠습니다."

당연히 캡틴 R은 이를 흔쾌히 수용했다. 지우는 캡틴 R과 함께 새로운 미래에 부풀었을 게 분명한 두 사람의 모습이 떠올랐다. 저만치 앞서 가던 D가 뒤를 돌아보고 씩 웃는다. 지우와 B도 손을 흔들며 함께 웃어주었다. ●

당신이 한쪽 다리가 되고 싶은
사람은 누구인가?
(당신의 한쪽 다리가 되어주는
사람은 누구인가?)

난파

포기하지 마라

"결코 넘어지지 않는 것이 아니라
넘어질 때마다 일어서는 것,
거기에 삶의 가장 큰 영광이 존재한다."

_ 넬슨 만델라

GUIDE호에 찾아온 위기

갑자기 비상벨이 요란하게 울렸다. 동이 트려면 아직 시간이 남았는데 무슨 일일까? 잠시 후, 캡틴 R의 다급한 목소리가 스피커를 통해 배 안에 울려 퍼졌다.

"비상사태! 비상사태! 전원 화물칸으로 집합하라! 전원 화물칸으로 집합하라!"

복도에서 우당탕 발소리가 들려왔다. 배에 뭔가 문제가 생긴 게 틀림없다. 화물칸은 배의 맨 아래층에 위치하고 있다. 선실에서 세 개 층을 더 내려가야 한다. 지우는 대충 옷을 챙겨 입고, 복도로 뛰어나갔다. 급하게 복도를 뛰어가는 선원들 가운데 쉐프 C가 보였다.

"쉐프, 무슨 일이죠?"

그런데 뜻밖에도 쉐프 C의 표정은 편안했다.

"비상벨이 울려서 놀랐지? 나도 가봐야 알
겠지만, 암초에 부딪친 모양이야. 어서 가
보세."

화물칸은 아수라장이었다. 화물칸의 옆구리
가 암초에 손상을 입어 큰 구멍이 나 있었다. 구
멍으로 바닷물이 포말을 일으키며 들어오고 있
었다. 본체를 보호하던 철판은 종잇조각처럼 꼬

깃꼬깃 구겨져 구멍 주위로 말려 올라가 있었다. 화물칸에는 이미 20
여 명의 선원들이 바닥에 고인 물을 퍼내고 있었다. 캡틴 R과 기관장
E, 보급관 K가 구멍에 매달려 용접 작업을 하고 있었다. 꾸역꾸역 들어
오는 바닷물은 아랑곳하지 않고 철판을 메우기 위해 필사적이었다. 잠
수복을 입은 몇몇은 배의 외부 보수 작업에 참여하고 있는 듯했다. 빠
른 시간 안에 구멍을 막지 못하면 화물칸은 침수될 것이고, 그렇게 되
면 수압을 견디지 못한 배가 내려앉을지도 모른다. 마치 타이타닉처럼
말이다.

그렇게 세 시간 정도가 흘렀을까. 파손된 부위를 완전히 복구할 수
있었다. GUIDE호의 모든 사람들은 그야말로 흠뻑 젖은 생쥐 꼴이 되
었다. 땀에 젖은 건지, 바닷물에 젖은 건지 알 수 없을 정도였다. 캡틴
R은 다친 사람은 없는지 확인하고 있었고, 보급관 K는 보수된 부분을
꼼꼼히 관찰하고 있었다. 난생처음 난파의 위기에 처했던 지우는 맥이

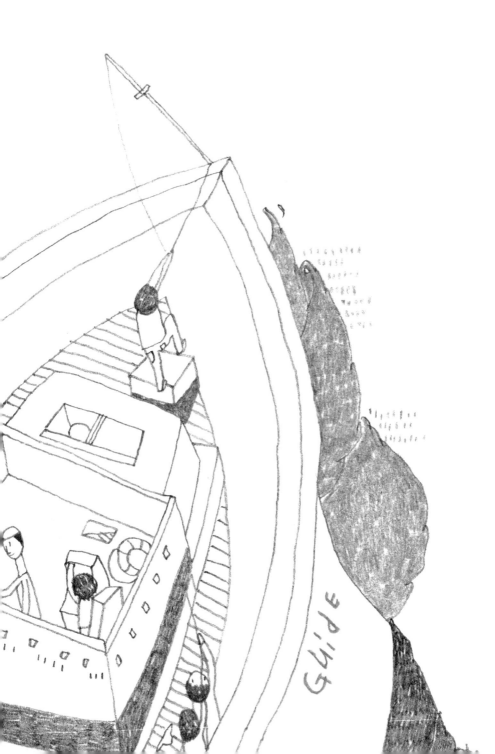

풀린 채 멍하니 서 있었다. 쉐프 C가 수건을 건네며 입을 열었다.

"놀랐나 보군. 항해를 하다 보면 문제가 생기기 마련이지. 중요한 건 사소한 문제가 큰 위기로 번진다는 거야. 바로 오늘처럼 말일세. 배에 작은 균열이 생기면 그 사이로 물이 새어 들어오지. 물이 들어오면서 균열은 점점 더 벌어지고, 급기야 바닷물의 수압을 견디지 못해 선체에 구멍이 생기지. 그럼 배는 침몰하는 거야. 그래서 우리는 아무리 사소한 문제라도 그냥 넘어가지 않는다네."

침몰을 부를 수 있는 작은 균열 찾아내기, 보급관 K나 J 같은 친구들이 매일 같이 배의 이곳저곳을 돌아보는 이유는 여기에 있었다. 그건 우리의 인생도 마찬가지가 아닐까? 무심코 넘긴 작은 문제가 큰 문제로 확대되고, 그래서 위기의 파고를 건너고, 다시 평온해지고… 그러다가 얼마 지나지 않아 다시 문제와 위기를 반복하는 것. 쉐프 C의 말을 들으며 지우는 배를 타고 항해하는 것이 흡사 인생과 같다는 생각을 하게 되었다.

"제2차 세계대전 때의 일이지. 90미터 해저에 잠수함 한 척이 침몰하는 사건이 일어났지. 90미터 수압이란… 상상만 해도 끔찍한 깊이지. 선원들은 수압을 이겨내며 90미터를 헤엄친다는 건 불가능하다며 지레 포기하고 자신들을 구조해줄 배만 기다렸지. 사람이 맨몸으로 수압을 견디고 잠수할 수 있는 최대 깊이는 50미터가 안 되거든."

목덜미의 물기를 수건으로 훔쳐내며 지우는 대수롭지 않게 물었다.

"그래서 그들은 어떻게 되었나요?"

그 순간 지우를 바라보던 쉐프 C의 눈빛이 촉촉해졌다.

"안타깝게도 선원들은 구조되지 못했다네. 90미터 깊이의 해저에서 구조를 기다린 선원들 모두 산소 고갈로 전사하고 말았어. 그들은 자신들의 목숨을 스스로 구할 수 있다는 걸 몰랐던 거야. 폐에 공기를 가득 채운 다음 서서히 숨을 내쉬면서 수면 위로 올라오면 되는데, 그걸 시도조차 하지 않은 거지. 폐의 공기는 압력이 높아지면 팽창하기 때문에 산소가 부족할 일이 없거든. 증가된 압력은 해수면으로 올라오는 과정에서 천천히 배출되기 때문에 폐가 고압 사태에 이르는 것도 피할 수 있지. 놀라운 건 선원들 가운데 단 한 명이 살아남은 거야. 바로 내가 말한 그 방법을 써서 헤엄쳐 나온 거지. 자신의 목숨을 스스로 구하기로 결심한 그는 해치 문을 열고 바다로 뛰어들었고, 그 덕분에 살 수 있었던 거야."

"그 사람, 정말 대단하네요."

"전우들… 내 전우들은 모두 그렇게 전사하고 말았다네. 구조만을 기다리다가 결국 목숨을 잃고 말았어. 나처럼 포기하지 않았다면 살 수 있었을 텐데. 지우, 잊지 말게. 위기는 늘 닥쳐오기 마련이지. 하지만 그 속에서 포기하지 않으면 능히 이겨낼 수 있다네. **포기하는 순간 게임은 끝나는 거야.**"

그렇다. 쉐프 C는 자신의 얘기를 하고 있었다. 스무 살을 앞둔 젊은 나이, 그는 전쟁에 참전해 취사 보조병의 임무를 수행했다. 그런데 그가 잠수함에 승선한 지 얼마 되지 않아 잠수함에 위기가 찾아왔다. 잠수함의 외부 강판 이음새 부분이 수압을 견디지 못해 터지고 만 것이다. 이 사고로 잠수함은 부상^{浮上} 조절 기능을 상실했고, 결국 깊은 해저에 갇히고 말았다. 병사들은 모두 낙담했다. 그들에게 90미터 깊이의 바다는 공포 그 자체였다. 하지만 이제 갓 군에 입대한 쉐프 C는 수압이 얼마나 무서운 건지, 90미터의 바다를 헤엄쳐서 올라간다는 게 얼마나 힘든 건지 몰랐다. 그가 바다로 거침없이 뛰어들 수 있었던 이유이기도 했다. 한마디로 모르는 게 약이었던 것이다.

215

해를 바라보면 그림자는 뒤에 생긴다

"이제 위험한 고비는 넘긴 것 같군. 기항지에 들러서 수리하면 괜찮아질 거야. 지우도 수고 많았어. 쉐프와는 많은 얘기를 나누었나?"

조타실로 돌아온 캡틴 R이 지우에게 따뜻한 홍차를 건네며 물었다.

"네. 제2차 세계대전 때의 일을 들었어요."

홍차의 쌉쌀한 뒷맛이 아릿하게 혀끝을 자극했다. 진한 향기와 함께 들이킨 뜨거운 홍차 한 모금이 피로감을 씻어주는 듯했다.

"쉐프가 배에 승선한지도 20년이 지났군. 그동안 GUIDE호는 몇 번의 난파 위험을 겪었지. 다행히 그때마다 모두 힘을 합쳐 위기를 이겨냈어. 그런데 그때마다 유독 쉐프만이 우울함에서 벗어나지 못하는 거야. 처음엔 나도 그 이유를 몰랐지. 쉐프는 동료들을 버리고 혼자 살아남았다는 자책감에서 자유롭지 못했던 거야. 그렇게 동료들을 기억 속에 담아두었던 거지. 그렇다고 걱정할 필요는 없어. 곧 있으면 깐깐하고 쌀쌀한 어르신으로 돌아올 테니까.”

쉐프는 인생이란 위기를 만나고 그것을 극복하는 과정의 연속이라고 말했다. GUIDE호가 위기를 겪고, 그것을 극복하는 과정을 생생하게 목도한 오늘, 지우는 그 말의 의미를 정확히 알 수 있었다.

“해를 바라보고 서면 그림자는 뒤에 생긴다. 헬렌 켈러^{Helen A. Keller 1880~1968}의 말이지.”

지우는 잠시 생각에 잠겼다. *해와 그림자*라. 그것도 위대한 교육자이자 사회활동가로 일컬어지는 헬렌 켈러의 말이라니.

“알다시피 헬렌 켈러는 심각한 장애를 갖고 있었지. 생후 19개월 만에 수막염을 앓아 청각과 시각을 잃고 말았어. 하지만 그녀는 자신의 처지를 원망하지 않았어. 당연히 세상을 원망하지도 않았지. 대신 그녀는 어떻게 하면 행복하게 살 수 있을까를 생각했어. 여기에는 1886년, 그녀가 여섯 살 되던 해에 만난 앤 설리번 선생의 영향이 컸지. 설리번 선생을 통해 그녀는 세상과 소통하는 법을 배우게 되었어. 누구보다 불행한 상황에서 헬렌 켈러는 그림자를 보는 대신 해를 바라보고 서는 것을 ‘선택’했어. 그녀의 위

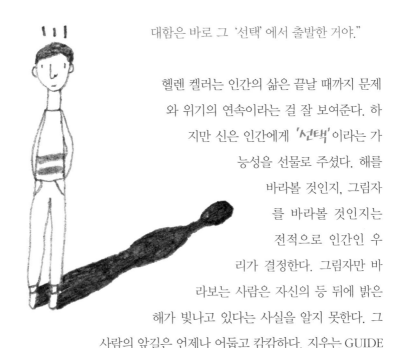

대함은 바로 그 '선택'에서 출발한 거야."

헬렌 켈러는 인간의 삶은 끝날 때까지 문제
와 위기의 연속이라는 걸 잘 보여준다. 하
지만 신은 인간에게 '선택'이라는 가
능성을 선물로 주셨다. 해를
바라볼 것인지, 그림자
를 바라볼 것인지는
전적으로 인간인 우
리가 결정한다. 그림자만 바
라보는 사람은 자신의 등 뒤에 밝은
해가 빛나고 있다는 사실을 알지 못한다. 그
사람의 앞길은 언제나 어둡고 캄캄하다. 지우는 GUIDE
호에 타기 전 자신이 혹시 그림자만 바라보는 사람은 아니었는지 생각
해 보았다. 하지만 지금은 달랐다. 지우는 오늘을 계기로 문제나 위기를
만날 때 그 속에서 무엇을 배울 수 있을까를 생각하는 사람으로 바뀌었
다. 인생은 어차피 문제의 연속이다. 문제는 절대로 사라지지 않는다,
하지만 우리에겐 그것에 대응할 수 있는 용기가 있다. 위기마다 바꿔 대
처할 수 있는 선택권이 있다. 지우는 앞으로 문제를 만날 때마다 투덜대
고 불평하는 대신, 그것을 해결하기 위해 최선을 다하고 그 속에서 삶의
교훈을 배워야겠다고 다짐했다.

가장 불행한 위치에서 가장 밝은 희망을 본 헬렌 켈러. 그녀는 자신
에게 주어진 불행에 절망하지도, 좌절하지도 않았다. 그녀는 대신 '선

택'을 결정했다. 그녀의 삶은 '선택' 하고 '결심' 한 순간부터 보석처럼 빛나기 시작했다. *삶을 바라보는 방식을 바꾸는 것*. 주도적인 삶을 산다는 것은 '선택' 이라는 선물을 어떻게 사용하느냐에 달려 있다.

지금, 당신에게 찾아온 문제는 무엇인가?
그 위기를 극복하기 위한
당신의 '선택' 은 무엇인가?

14 새로운 선장

다시 출발

"미래를 예측하는 가장 좋은 방법은
미래를 창조하는 것이다."

_ 피터 드러커

드디어
목적지에 도착하다

"지우, 그만 일어나게."

누군가 곤히 잠든 지우를 흔들어 깨운다. 지우는 눈을 비비며 일어났다. 침대 머리맡에 캡틴 R이 서 있었다. 탁자에 놓인 탁상시계를 바라보니 새벽 5시를 막 넘기고 있었다.

"도착했나요?"

"도착했네. 자네의 항해도 오늘로서 끝이구먼. 그동안 정말 수고 많았네."

지우의 항해는 오늘로 대단원의 막을 내리게 되었다. 하지만 아직도 지우는 자신의 항해가 '어디'에서 끝나게 될지를 알지 못했다. 캡틴 R이 지우에게 목적지를 알려주지 말라고 선원들에게 지시를 내려놓았기 때문이다. 대신 캡틴 R은 목적지에 도착하면 지우를 깨우게 될 것이라고 미리 말해 놓았다. 그리고 지금, 지우는 자신이 목적지에 다다랐음을 알게 된 것이다.

도착지는 어디일까? 지우는 침대에서 튕기듯 일어나 옷을 걸쳐 입었다. 빨리 목적지를 확인하고 싶었다. 갑판까지 한달음에 내달려 바깥 풍경을 살펴보았다. 그런데 이게 웬일인가. 도착지를 확인하던 지우의 입에서 자신도 모르게 짧은 탄식이 새어나왔다.

지우의 눈앞에 펼쳐진 풍경은 너무도 친숙했다. GUIDE호는 작은 항구에 정박해 있었다. 그렇다. GUIDE호가 도착한 곳은 지우의 여행이 시작된 그곳, 고향 마을이었다. 동이 트기 직전의 고향 풍경은 여전히 아름다웠다. 언제 다가왔는지 보급관 K가 지우의 어깨를 두드리며 축하 인사를 건넸다.

"출발지로 돌아오면서 끝이 나는 것. GUIDE호의 전통이라네. 무사히 귀환하게 된 것을 축하하네."

GUIDE호의 항해가 출발점으로 다시 돌아오는 이유는 간단했다. 항해 기간 동안 탑승객이 얼마나 성장했는지를 느끼게 하기 위해서였다. 지우는 고향 마을을 바라보며 빨간 티켓을 손에 들고 항구에 왔던 첫날이 떠올랐다. 배에 승선하려고 하루 종일 퍼즐을 맞추었던 일, 자신의 손으로 배의 밧줄을 풀었던 일, 보급품을 사러 가고 망루에 올랐던 일⋯

항해하는 동안 자신이 겪었던 일들이 주마등처럼 스쳐갔다. GUIDE호
에서의 생활을 떠올리면서 지우는 자신이 얼마나 많은 것을 배우고 깨
달았는지 느낄 수 있었다. 수평선 위로 붉은 태양이 떠오르고 있었다.
때마침 갑판을 지나던 보급관 K가 아침인사를 건넨다.

"잘 잤나? 바람이 꽤 차군. 선실로 돌아가세. 참, 오늘 바자회가
 열리는 건 알고 있지? 어제 내가 얘기한대로 바자회에 내놓을 물
 건을 복도에 내어 놓게나."

이런, 보급관 K가 다시 확인하지 않았다면 하마터면 그냥 지나칠 뻔
했다. GUIDE호는 목적지에 도착하면, 그곳의 주민들을 위해 바자회
를 여는 전통이 있다. 선원들이 기부한 물품은 물론, 항해를 위해 비축
해 둔 각종 물건들을 바자회에 내놓는다. 그리고 새로운 탑승객이 결정
되면 항해를 위해 준비에 들어간다. 지우는 보급관 K의 부탁대로 자신
이 기부할 품목을 복도에 내어 놓았다.

이른 아침부터 GUIDE호는 부산스러웠다. 보급관 K는 오진 10시에
열리는 바자회를 위해 바쁘게 움직였다. 항구에는 항해사 W와 서기관
J를 중심으로 바자회가 열릴 공간을 장식하고 있었다. 바자회가 진행
되는 동안 GUIDE호는 안전점검을 받고, 다시 도색 작업에 들어간다.
숙소 앞 복도에는 이미 선원들이 내놓은 물건들이 쌓여 있었다. 옷가지
와 필기도구는 물론 전자제품도 눈에 띄었다. 창고에 비축해 두었던 물
품들도 항구로 속속 옮겨지고 있었다. 이 물건들은 모두 지우의 고향마
을에 기증되고, 경매를 통해 얻은 수익은 아이들의 장학금으로 사용될

예정이다.

"이게 자네가 내놓은 물품 맞지?"

아침에 지우의 방에 들이닥친 보급관 K가 티셔츠 두 벌을 높이 올리며 말했다.

"네, 막상 내놓을 게 없어서요. 죄송해요."

복도에 산더미처럼 쌓여 있던 기부 물품들을 떠올리며 지우가 말했다. 선원들은 자기와는 아무런 연관이 없는 작은 시골 마을을 돕기 위해 아끼던 물건들을 기꺼이 기부하는데, 정작 자신은 내놓을 것이 없어서 미안하기 짝이 없었다. 장부를 기록하던 보급관 K가 웃으며 대답했다.

"이 친구야, 자네는 여행 중이고, 우리는 이 배에 살고 있지 않는가. 당연히 갖고 있는 게 다를 수밖에. 우리는 지금 갖고 있는 것만으로도 충분해. GUIDE호에 필요한 건 다 있으니까 말이야. 경매가 곧 시작되니 어서 바자회장으로 가보게나. 좋은 걸 건질 수 있을 거야."

바자회는 음악회와 경매의 방식으로 이루어진다. 어디를 먼저 가볼까? 지우는 기관장 E의 방 앞에 놓여 있던 크리스털 명함 케이스가 떠올랐다. 기관장 E의 과거 명함이 보관되어 있던 그 케이스였다. 경매가 열리는 바자회장에는 많은 사람들이 모여 있었다. 서기관 J가 경매를 진행하고 있었다. 그런데 경매의 방식이 좀 이상했다. 때마침 항해사 W가 내놓은 스위스 칼이 경매 물품으로 나와 있었다. J는 목소리를 높였다.

"그럼 멋진 스위스 칼의 경매를 시작하겠습니다. 항해사 W의 칼입니다. 10만 원부터 시작하겠습니다. 10만 원 안 계신가요? 10만 원. 그럼 9만 원, 9만 원 없습니까? 그럼 8만 원으로 내려갑니다. 8만 원 없습니까?"

이상하다. 일반적으로 경매는 진행되면서 가격이 올라가는 게 정상이다. 그런데 GUIDE호의 경매는 가격이 점점 낮아지고 있었다. 주위를 돌아보니 좁은 천막 주위로 마을 주민들이 모여 있었다. 마을 사람들은 평소 보기 힘든 외국인들을 신기한 눈으로 바라보았다. 경매에 나온 물품보다는 선원들에게 더 깊은 관심을 보이는 듯했다. 휴대전화로 선원들을 찍는 아이들도 눈에 띄었다. 선원들은 누구나 할 것 없이 입가에 환하게 미소를 짓고 있었다.

간이식당에서는 쉐프 C가 마을 사람들에게 제공할 음식을 만들고 있었다. 익숙한 냄새에 끌려 확인해보니 김치전이었다. 프랑스에서 태어난 쉐프 C가 한국의 시골항구에서 김치전을 만들고 있는 모습이 재미있었다. 고소한 냄새가 코끝을 파고들었다. 그리고 보니 아침부터 분주한 까닭에 제대로 먹지 못했다.

"김치전은 언제 배우셨어요?"

노릇노릇해진 김치전 한 조각을 입에 넣으며 지우가 물었다. 양껏 베어 문 김치전에서 향긋하고 고소한 맛이 입안으로 번졌다.

"한국인 제자들에게 배웠지. 경매장에 안 갈 거면 양파나 좀 썰어 주게."

익숙한 솜씨로 김치전을 뒤집으며 쉐프가 말했다. 지우는 앞치마를 두르고 양파를 썰기 시작했다. 도마에 앉아 칼질을 시작하자마자 이내 눈물이 흐르기 시작했다.

"경매 방식이 좀 이상하지?"

쉐프가 지우에게 차가운 물수건을 건네며 말했다. 물수건을 눈 주위에 가볍게 누르면서 지우가 물었다.

"예, 이상하던데요? 가격을 낮추는 경매는 처음 봤어요."

"껄껄껄. 처음 봤을 때 나도 그랬다네. 영국 방식이 아니라 더치 Dutch 방식이라네. 네덜란드에서 꽃을 사고 팔 때 저렇게 하지. 참 가자 전원이 손을 내린 상태에서 경매가 시작되지. 경매인이 계 속 가격을 낮추면 입찰자는 '들어가고 싶을 때'를 정해서 손을 든 다네. 처음 손을 드는 사람이 낙찰을 받는 방식이지. 영국 방식이

'끝까지 버티는 사람'이 승리한다면, 네덜란드 방식은 '처음으로 나서는 사람'이 승리하는 거야. 삶에서 승리하는 방식과 흡사하지 않나?"

그렇구나. **먼저 도전하는 사람**이 승리자가 되는 네덜란드 경매 방식은 경매 시간을 줄이고, 과감하게 도전하는 것이 중요하다는 사실을 일깨워준다. 단순히 목적지의 마을 사람들을 돕고, 모두가 즐기기 위해 열리는 줄 알았던 경매를 통해 새로운 교훈을 얻다니. GUIDE호에서는 무엇을 하더라도 숨은 가르침이 들어 있었다. 이 모든 일에는 캡틴 R이 존재하고 있었다. 지우는 새삼 캡틴 R이라는 사람이 궁금해졌다.

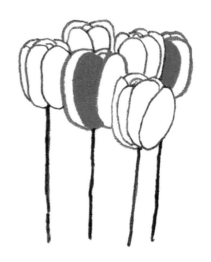

새로운 캡틴의
선출

바자회는 성황리에 마무리되었다. 캡틴은 경매를 통해 모금된 전액을 마을 아이들을 위한 장학금으로 전달했다. 경매에 참여하고, 낙찰받은 사람들이 대부분 GUIDE호의 선원들이니 사실상 선원들이 만들어준 장학금이나 다름없었다. 그저 물건의 소유주만 바뀌었을 뿐이다. 물론 선원들도 이를 잘 알고 있다. 그렇기에 더욱 기쁜 마음으로 경매에 참여할 수 있었던 것이다. 오늘 낙찰 받은 물품은 다음 항해가 끝나는 날 다시 바자회를 위해 기증될 것이다. 선원들은 이런 방식으로 항해가 끝날 때마다 기부를 실천하고 있었다.

바쁜 하루도 저무는 석양을 뒤로하며 저녁으로 넘어가고 있다. GUIDE호의 사람들은 오늘 저녁 캡틴 R의 중대 발표가 무엇인지 궁금해하며 식당으로 발걸음을 옮겼다. 경매가 한창 열리던 오후, 캡틴 R은 오늘 저녁 식당에서 GUIDE호에 관한 중대 발표가 있을 거라고 예고했다. 사람들은 GUIDE호의 쌍두마차 B와 D가 멋진 연회장으로 바꾸어 놓은 식당에 하나 둘씩 모여들었다. 캡틴 R의 중대 발표가 무엇일까? 지우 역시 궁금하기 짝이 없었다.

드디어 연회가 시작되었다. 선원들은 한껏 멋을 부리고 연회장으로 모였다. 오늘 저녁만큼은 마음껏 먹고 마시며 즐길 터라 모두들 기쁜 얼굴이었다. 연회의 중심에는 항해를 성공적으로 마친 지우가 있었다. 악수를 하는 사람, 가볍게 포옹을 나누는 사람, 어깨를 두드려주는 사람… 만나는 사람마다 지우의 무사 귀환을 축하해주었다. 지우는 순간 눈시울이 뜨거워졌다. 모두들 따뜻하고 좋은 사람들이었다. 오늘 헤어지면 이들을 다시 만날 수 있을까? 그토록 도착지를 갈망했건만 정작 마지막 날이 되자 지우는 GUIDE호에서 내리는 게 싫었다. 지우는 알고 있었다. **좋은 동료들과 함께 할 수 있다는 게 얼마나 큰 축복인지.** 하얀 턱시도를 멋지게 차려 입은 항해사 W가 지우를 보며 찡긋 윙크를 날렸다. 지우도 손을 들어 윙크에 답례했다. 잠시 후 보급관 K의 멋진 아리아가 울려 퍼졌다. 청중들은 환호로 답했다. 노래를 잘 부르는 편은 아니라고 했던 그의 말이 겸손이었음을 아는 순간이었다. 보급관 K는 좌중을 압도했다. 이탈리아어로 이루어진 가사를 모르는 지우였지만 그의 목소리는 감동 그 자체였다. 청중의 흥분이 가라앉자 드디어 캡틴 R이 무대로 올랐다. 중대 발표의 순간이 다가온 것이다.

"사랑하는 동료 여러분, 그리고 이번 항해의 주인공 지우군. GUIDE호는 여러분 덕분에 이번 항해도 성공적으로 마칠 수 있었습니다. 여러분 모두가 정말로 자랑스럽습니다. GUIDE호는 지금까지 수많은 사람들의 인생을 변화시켜왔습니다. 이 배에 탑승한 우리의 *변화된 삶*이 그 사실을 증명하고 있습니다. GUIDE 호에 탑승했던 많은 사람들의 인생도 바뀌었습니다. GUIDE호에서 인생의 변화를 맛본 사람들은 기꺼이 자신들의 물질을 바쳐 재단을 설립해 이 배가 계속해서 항해할 수 있도록 도움을 아끼지 않고 있습니다. 그들의 따뜻한 배려가 있는 한 GUIIDE호의 항해는 끝나지 않을 것입니다."

감격스러운 목소리로 연설을 이어가던 캡틴이 물을 마시며 호흡을 골랐다.

"부족한 제가 GUIDE호의 캡틴으로 살아온지 오늘로 정확히 30년이 되었습니다. 아시다시피 GUIDE호 재단은 선장의 임기를 10년으로 제한하고 있습니다. 연임은 세 번까지 가능합니다. 여러분은 부족한 저를 세 번이나 캡틴으로 선출해주셨습니다. GUIDE호에서 캡틴으로 살아온 지난 30년의 시간은 제 인생에서 가장 크고 귀한 선물이었습니다. 다시 한 번 여러분의 깊은 사랑에 감사드립니다."

캡틴 R의 목소리가 떨리는 듯했다. 캡틴 R의 저런 모습은 처음이었다. 그 순간, 캡틴 R의 눈이 지우와 마주쳤다. 그의 눈은 감격의 눈물로 촉촉하게 젖어 있었다. 캡틴 R은 지우를 손짓으로 불렀다. 무대 위로 올라오라는 뜻이었다. 연설 중에 무대로 올라오라니? 지우는 영문을 알지 못한 채 무대로 올라갔다. GUIDE호의 모든 사람들이 지우를 바라보았다.

"이제 저는 GUIDE호의 캡틴을 내려놓고 재단으로 돌아가 봉사를 하고자 합니다. GUIDE호는 *새로운 선장*이 필요합니다. 이에 우리는 지난 밤 새로운 선장을 투표로 선정했습니다. 그리고 이 자리에는…"

캡틴 R의 연설이 갑자기 끊겼다. 연회장은 숨소리도 들리지 않을 만큼 고요했다. 모두들 캡틴 R의 입술을 바라보며 그의 얘기가 시작되기만을 기다리고 있었다. 캡틴 R은 다시 물로 목을 축였다.

"그리고 이 자리에는… 새로운 선장이 서 있습니다. 여러분, GUIDE호의 미래를 이끌어 갈 새로운 선장을 소개합니다. 여러분 우리가 뽑은 캡틴 연지우입니다."

캡틴 R의 연설이 끝나기가 무섭게 우레와 같은 환호성이 터져 나왔다. 모두들 휘파람을 불고 박수를 치며 마도로스 캡을 높이 던져 올렸다. 새로운 캡틴을 기쁨으로 받아들인다는 의미였다. 지우는 망치로 머리를 세게 얻어맞은 것 같았다. 머릿속이 하얘졌다. 자신이 GUIDE호의 캡틴으로 선정되다니. 아무리 생각해도 말도 안 되는 결정이었다. 지우는 GUIDE호를 지휘할 생각이 없었다. 무엇보다 그럴 능력이 있다고 생각하지 않았다.

'내가 어떻게 GUIDE호를 이끌어갈 수 있다는 거야. 내가 어떻게 GUIDE호를 탈 사람들의 인생을 바꿀 수 있단 말이야. 아냐, 이건 뭔가가 잘못된 거야. 난 할 수 없어.'

233

지우는 자신에게 벌어진 일을 받아들일 수 없었다. 지우는 마이크를 잡았다.

"잠깐만요, 잠깐만요."

지우의 목소리가 연회장에 울려 퍼졌다. 연회장은 금세 조용해졌다.

"여러분, 이건 말이 되지 않아요. 저는 GUIDE호에 탑승한 여행객에 불과해요. 아시다시피 경험도 없고 나이도 너무 어려요. 모두들 어떻게 된 거 아니세요?"

무대 아래에서 보급관 K가 입을 열었다.

"지우, 당신은 GUIDE호의 캡틴이 될 충분한 자격을 갖추고 있어요. 내가 아는 당신은 인내심이 강한 사람이에요. 무엇보다 따뜻한 심장을 갖고 있어요."

서기관 J도 거들었다.

"그럼요. 우리는 당신처럼 솔선수범하는 사람을 원해요. 작은 문제라도 그냥 넘어가지 않고 반드시 해결하는 당신이 필요해요."
"그뿐인가요? 언제 휴식을 취해야 할지 아는 사람이죠."

닥터 P도 입을 열었다.

"당신이 없으면 저는 혼자서 망루에 올라가야 해요."

항해사 W의 얘기에 모두들 웃음을 터뜨렸다.

"당신은 동료가 얼마나 중요한지를 아는 사람입니다. 협력의 중요성을 아는 사람이죠. 캡틴이 가져야 할 아주 중요한 덕목을 아는 당신을 어떻게 안 뽑을 수 있겠어요?"

B와 D가 지우를 바라보며 한 목소리로 말했다.

"감자를 먼저 넣을지 양파를 먼저 넣을지도 잘 알고 있잖아요. 그가 만든 스튜 맛은 시원찮지만요."

쉐프 C도 만면에 미소를 띠며 덧붙였다.

지우는 깜짝 놀랐다. GUIDE호의 선원들은 진심으로 지우가 새로운 캡틴이 되어주기를 원하고 있었다. 지우는 그들이 진심을 다해 말하고 있다는 걸 알 수 있었다. 지우도 이들과 헤어지고 싶지는 않았다. 그러나 캡틴의 자리를 선뜻 수락할 순 없었다. 지우는 고향으로 돌아가 아버지를 찾아야 했다. 오랫동안 보지 못했던 연주를 만나 사랑한다고 고백하고 싶었다. 지우는 다시 마이크를 잡았다. 마이크를 잡은 손은 떨리고 있었고, 지우의 눈시울은 붉어져 있었다.

"여러분의 진심 어린 칭찬에 깊이 감사드립니다. 하지만 아무리 생각해도 전 캡틴을 맡을 수 없어요. 제가 감당하기엔 너무 벅찬 자리거든요. 게다가 저는 아버지를 찾아야 합니다. 그리고 사랑을 고백해야 할 여인이 기다리고 있습니다.”

지우의 목소리는 어느덧 흐느낌에 가까워졌다. 캡틴 R이 지우의 어깨를 감싸고 그의 눈물을 닦아주었다. 지우는 그의 가슴에 얼굴을 묻고 울었다. 잠시 후, 지우가 진정이 되기를 기다리던 캡틴 R이 조용히 지우에게 속삭였다.

“지우, 캡틴을 수락하게. 자네는 GUIDE호의 캡틴을 수행할 만한 충분한 역량과 품성을 지니고 있다네. 선원들의 평가는 아주 정확하거든. 나 역시 처음 캡틴의 자리에 올랐을 때 얼마나 두렵고 떨렸는지 모른다네. 하지만 난 알고 있었지. GUIDE호의 동료들이 나를 도와줄 거라고, 내 부족한 부분을 채워줄 거라는 것을. 캡틴으로서 마지막 부탁일세. 제발 수락해주겠나?”

지우는 캡틴 R을 바라보았다. 캡틴은 다정한 눈길로 지우를 바라보고 있었다. 지우는 캡틴 R의 눈이 꿈에 나타났던 아버지와 닮았다는 생각을 했다. 선원들은 숨을 죽인 채 지우의 대답을 기다리고 있었다. 그러나 지우는 아무 말도 할 수 없었다.

“캡틴으로서 부탁하는 게 받아들이기 힘들다면, 이건 어떤가? 아버지로서… 부탁한다면 받아주겠나?”

아버지로서의 부탁이라니. 말을 마친 캡틴 R이 제복을 벗었다. 제복을 벗자 호리호리한 몸이 나타났다. 백발도 가발이었다. 혈색 좋은 동그란 얼굴 역시 정교하게 만들어진 가면이었다. 캡틴 R은 꾸미고 있던 것들을 벗어 던지고 자신의 본래 모습으로 돌아왔다. 그리고 그 모습은, 다름 아닌 지우의 아버지였다.

"아버지!"

지우는 아버지에게 와락 안겼다. 그토록 그리워했던 아버지가 캡틴 R이었다니. 그리고 지금 자신을 따뜻하게 감싸 안고 있다니. 지우는 모든 것이 꿈만 같았다. 캡틴 R은, 아니 아버지는 지우의 머리를 부드럽게 쓰다듬으며 말했다.

"지우야, 미안하다. 아버지가 어릴 적 너와 자주 함께 하지 못했던 건 항해를 위해서였단다. 그런데 어느 날, 다른 사람은 변화시켰는데, 가장 사랑하는 내 아들이 힘겨워하는데 해줄 수 있는 게 없다는 걸 알았단다. 그래서 1년 전부터 이 항해를 준비했단다. 너는 내가 행방불명되어 마음이 편치 않았겠지만, 난 오늘이 올 줄 알고 그 시간을 견뎌냈단다. 나를 이해해줄 수 있겠니? 항해를 하는 동안 조금씩 변화하고 성장하는 네가 얼마나 자랑스러웠는지 모른단다. 지우야, 너는 GUIDE호를 지휘할 잠재력이 있단다. 너 자신을 믿어. 넌 분명 잘할 수 있을 거야."

지우는 결심했다. 그래 한번 해보자. GUIDE호의 캡틴으로 살아가

게 될 미래를 적극적으로 받아들이기로 했다. 무엇보다 이 배에 타게 될 **누군가의 삶을 변화시키는 건 가치 있는 일이다.** 무엇보다 아버지의 부탁이 아니던가. 지금까지 자신을 사랑하지 않는다고 여겼던, 자신을 믿지 않는다고 여겼던 아버지가 가슴 깊은 곳에서 우러나오는 사랑으로 부탁한 자리가 아니던가. 지우는 다시 마이크를 잡았다.

"저, 연지우는 GUIDE호의 새로운 캡틴을 수락합니다."

브라보!

여기저기서 환호와 박수가 터져 나왔다. 모두들 진심으로 지우의 선택을 축하해주었다. 지우의 아버지로 돌아온 캡틴 R도 지우의 결정을 흐뭇하게 지켜보았다. 캡틴 R이 다시 마이크 앞으로 다가가 입을 열었다.

"여러분, 아직까지는 제가 GUIDE호의 캡틴입니다. 하하하. 자, 이제 선장으로서 마지막 발표를 하겠습니다. 다음 출항은 모레 밤 자정입니다. 출발지는 싱가포르입니다. 내일 오전에 출발해 싱가포르에 도착한 후 배를 정비하고 새로운 항해를 시작할 것입니다. 이번 탑승객의 신원은 출발 시간까지 발표되지 않습니다. 이번 출항은 상당히 길 것 같습니다. 항해가 길어진 만큼 선원들의 건강을 유지하는 것이 다음 항해의 큰 과제입니다. 그래서 GUIDE호는 우리와 함께 할 영양사를 모셨습니다. 여러분, GUIDE호의 새 영양사를 뜨거운 박수로 맞이해주십시오."

캡틴 R의 말이 끝나자 연회장의 뒷문이 열렸다. 기관장 E와 아름다운 여성이 함께 서 있었다. 두 사람이 가까이 다가올 무렵 지우는 자신의 눈을 의심했다. 놀랍게도 그녀는 연주였다. 연주는 캡틴 R, 아니 지우의 아버지를 향해 고개를 숙여 인사했다. 그리고 지우를 향해 윙크를 건넸다.

"여러분, 반갑습니다. 오늘부터 GUIDE호의 영양사로 일하게 된 이연주입니다. 잘 부탁드리겠습니다."

다시 한 번 환호성이 쏟아졌다. 인사를 마친 연주는 지우의 곁에 섰다. 지우는 연주의 손을 꼭 잡았다. 그리고 첫 번째 지시를 내렸다.

"캡틴으로서 첫 번째 지시를 내리겠습니다. 오늘 밤, 모두 신나게 즐깁시다!" 🍷

작가의 말

'Life is BCD'
('인생은 태어남Birth과 죽음Death사이의 선택Choice의 연속이다')

다소 진부하게 느껴지는가? 하지만 한 살 한 살 나이가 들수록 이 구절처럼 인생을 명확히 설명해주는 말도 없는 듯하다. 나 역시 BCD, 즉 태어남과 죽음, 선택이라는 명제 앞에서 어떻게 살아야 하는지를 늘 고민하고 있다.

한 연구에 따르면 하루를 살면서 인간은 평균 400회의 '선택'의 기로에 서게 된다고 한다. 일반적으로 8시간을 잔다고 할 때 매 시간마다 25번의 선택을 하는 셈이다. 오늘 당신이 무엇을 선택하느냐에 따라 내일 당신의 인생이 바뀌는 것이다. 해가 뜨고 지고, 계절이 바뀌는 것처럼 당신의 선택과 무관한 것도 있지만, 우리네 인생에 주어진 거의 모든 것들은 우리 스스로 결정하고 책임져야 한다. 무서운 질병을 이겨내고, 뚜르 드 프랑스 7연패라는 위대한 업적을 달성한 랜스 암스트롱의 삶을 빌려 표현하자면, 인생이라는 자전거의 핸들은 바로 우리의 손에 쥐어져 있다. 당신이 페달을 밟지 않으면 인생이라는 자전거는 곧 쓰러지고 말 것이다.

'항해'라는 제목의 이 책도 결국 '선택'이라는 화두와 연결된다. 책을 쓰는 동안 당신에게 또 하나의 선택을 안겨주는 것 같아 마음이 편치만은 않았다. 하지만 어쩌랴. 다시 한 번 얘기하건대 인생은 선택인 것을.

나는 기업과 학교에서 강의를 하는 것을 업으로 삼고 있다. 세상의 수많은 일 가운데 내가 좋아하는 일을 한다는 점에서 행운이라고 해도

<u>**243**</u>

좋겠다. 내가 이 일을 좋아하는 이유 중 하나는 많은 사람들을 만날 수 있다는 데 있다. 강단에서 만나는 사람들의 삶은 그 생김새처럼 제각기 달랐다. 하지만 행복을 추구하는 목적만큼은 같았다. 강의를 마치고 차 한 잔을 나누며, 때론 식사를 즐기며 대화를 나누다보면 우리의 대화는 결국 행복이라는 화두로 연결되고 있었다.

그러나 거꾸로 생각해보면 우리가 그토록 행복을 염원하며 산다는 것은 현재의 삶이 행복하지 않다는 걸 의미하는 건지도 모른다. 실제로 강의를 구실로 만나는 대부분의 사람들은 극도로 지쳐 있었다. 자신이 감당해야 할 삶이 힘들어 견디기 힘들다고 토로하는 이들도 적지 않다. 강의를 갓 시작할 무렵에는 적잖이 당황스러웠다. 번듯한 일터, 부끄럽지 않은 가정을 가진 이들이 행복하지 않은 이유는 무엇일까 고민스러웠다. 하지만 강단에서의 시간이 차츰차츰 쌓여가면서 이렇게 말할 수 있게 되었다.

'여러분, 어떤 인생이든지, 목적 없이 태어난 삶은 없습니다.'

그렇다. 사람이라면 누구나 태어날 때 작은 씨앗을 지니고 태어난다. 그 씨앗이 꽃을 피우고 열매를 맺어 튼튼한 나무로 자랄 것인지, 아니면 싹을 틔우지 못하고 고사해버릴지는 전적으로 씨앗을 품은 우리에게 달려 있다. 살아가면서 '저자'라는 수식어가 붙는다는 생각을 단 한 번도 하지 않았던 내가 작은 용기를 내어 이 책을 쓰겠다고 결심한 이유도 바로 여기에 있었다. 부디 부족한 이 책이 당신의 인생에 쥐어진 '작은 씨앗'을 발견하는 데 길잡이가 되기를 소망한다.

파울로 코엘료는 자신의 저서 『순례자』에서 존 쉐드John A. Shedd의 말을 이렇게 인용하고 있다.

'배는 항구에 있을 때 가장 안전하다.
하지만 배는 항구에 정박해 있기 위해 창조되지 않았다.'

이 짧은 구절을 통해 나는 우리가 씨앗을 찾는 행위는 바로 삶의 목적을 고민하고, 나에게 주어진 소명을 발견하는 일이라는 것을 깨달았다. 누구나 알고 있듯이, 배의 존재 이유는 항구에 있지 않다. 그건 인생도 마찬가지다. 지금 바로 행복하든, 혹은 그렇지 않든 내 모습에 만족한 채 살아가기엔 우리의 인생은 너무도 위대하다. 내가 세상에 태어난 데에는 나만의 목적과 사명이 있는 법이다. 내가 세상에 존재하는 이유를 아는 것. 행복이란 바로 여기에서 출발한다. 잊지 마시라. 당신은 위대한 인생의 열매로 자라날 씨앗을 품고 있는 소중한 존재라는 걸. 비록 씨앗에 물을 주고 양분을 주는 행위가 너무도 평범해 보일지라도 인생의 행복은 그 보통의 순간으로부터 생겨나는 것임을 잊지 말기로 하자.

이 책의 주인공 '지우'는 곧 내 모습이다. 책에 나온 일화는 대부분 사실에 바탕을 두고 있지만, 이야기 속에 필자의 의도를 담기 위해 일부는 각색되거나 꾸며진 것임을 밝혀둔다. 책의 많은 부분이 필자의 경험에서 우러났음을 밝혀두는 것은 나 또한 행복했던 때보다 그렇지 않은 때가 많았기 때문이다. 어디서부터 손을 대야할지 모를 정도로 뒤죽박죽 섞여버린 인생을 바라보며 망연자실했던 순간. 적지 않은 시간 동안 사회생활을 해오는 동안 인생의 목적을 잃어버리고 지쳐 있던 시간들이 내게도 있었다. 이 책은 바로 그 시간을 떠올리며 적어 나갔다.

주인공 지우를 따라 항해를 하다 보면 많은 일들을 헤쳐가야 한다. 까마득히 높은 망루에 올라야 하고, 기항지에 들러 보급품을 사고, 익숙하지 않은 요리를 해야 하고, 화장실과 창고를 깨끗이 청소해야 한다. 풍랑을 만나 위기를 겪기도 하고, 고열에 시달려 약을 먹고 푹 쉬어야 할 때도 있다. 인생이 크고 작은 사건들의 경험으로 이루어지듯이 지우가 GUIDE호에서 겪는 모든 일은 거의 인생의 압축판을 보는 것 같다. 물론 우리가 그렇듯이, 지우는 항해를 버거워하고, 낯설어하고, 좌절하고, 실망스러워 한다. 하지만 그 시행착오와 실패의 경험들이 하나 둘 모여 어느덧 항해를 즐기고, 어려움을 극복하고 이겨내는 모습을 확인할 수 있다.

인생을 평가하는 기준은 매우 다양하다. 그중에서도 나는 '누군가의 인생이 다른 사람에게 얼마나 긍정적이고 선한 영향을 끼치는가'를 중요한 기준으로 삼는다. 예수와 테레사 수녀, 슈바이처 박사, 간디처럼 자신의 삶을 통해 다른 사람들의 인생과 태도, 가치관, 신념을 바꾸는 모습처럼 감동적인 것은 없다고 생각한다. 중요한 건 이 감동을 당신도 얼마든지 다른 누군가에게 안겨줄 수 있다는 것이다. 인생은 '항해'와 같다. '떠나기'로 선택하는 것, 즉 결심하는 순간 당신의 삶은 감동이라는 이름으로 채워질 것이다. 바로 지금, 당신의 항해를 도와줄 배를 찾기 바란다. 항구에 묶인 밧줄을 풀기를 바란다. 레스 브라운Les Brown의 말처럼 '출발하기 위해 위대해질 필요는 없지만 위대해지기 위해서는 출발부터 해야 한다'는 말을 잊지 말기를 바란다.

하루도 빠지지 않고 새벽기도로 아들을 격려해주시는 부모님께 감사의 말씀을 드린다. 한동안 아빠와의 시간을 포기해야 했던 의정, 의진 두 아들과 언제나 기도로 후원하고 격려해주는 아내에게 고맙다고, 사랑한다고 말하고 싶다. 내가 어떠한 삶을 살든 늘 응원해주는 북노마드 윤동희 대표에게도 고마움을 전한다. 이 책이 세상에 작게나마 쓰이도록 기도를 아끼지 않는 모든 분들의 이름을 일일이 적지 못함을 진심으로 사과드린다. 마지막으로 모든 사람들의 인생을 위대하게 지으신 하나님께 영광을 돌린다.

2010년 가을의 문턱에서
홍성범

항해
ⓒ 홍성범 2010

초판 1쇄 인쇄 2010년 10월 8일
초판 1쇄 발행 2010년 10월 15일

지은이 홍성범

펴낸이 강병선
편집인 윤동희

편집장 장재순
디자인 손현주
일러스트 연서인
마케팅 방미연 우영희 정유선 나해진
온라인 마케팅 이상혁 한민아
제 작 안정숙 서동관 정구현 김애진
제작처 영신사

펴낸곳 (주)문학동네
출판등록 1993년 10월 22일 제406-2003-000045호
임프린트 북노마드

주소 413-756 경기도 파주시 교하읍 문발리 파주출판도시 513-8
전자우편 ceohee02@nate.com
문의전화 031.955.2660(마케팅), 031.955.2675(편집), 031.955.8855(팩스)
북노마드카페 http://cafe.naver.com/booknomad

ISBN 978-89-546-1294-4 03320

www.munhak.com